KATIE STOKES

UNSER KÖRPER
DER LERNSPASS FÜR KINDER

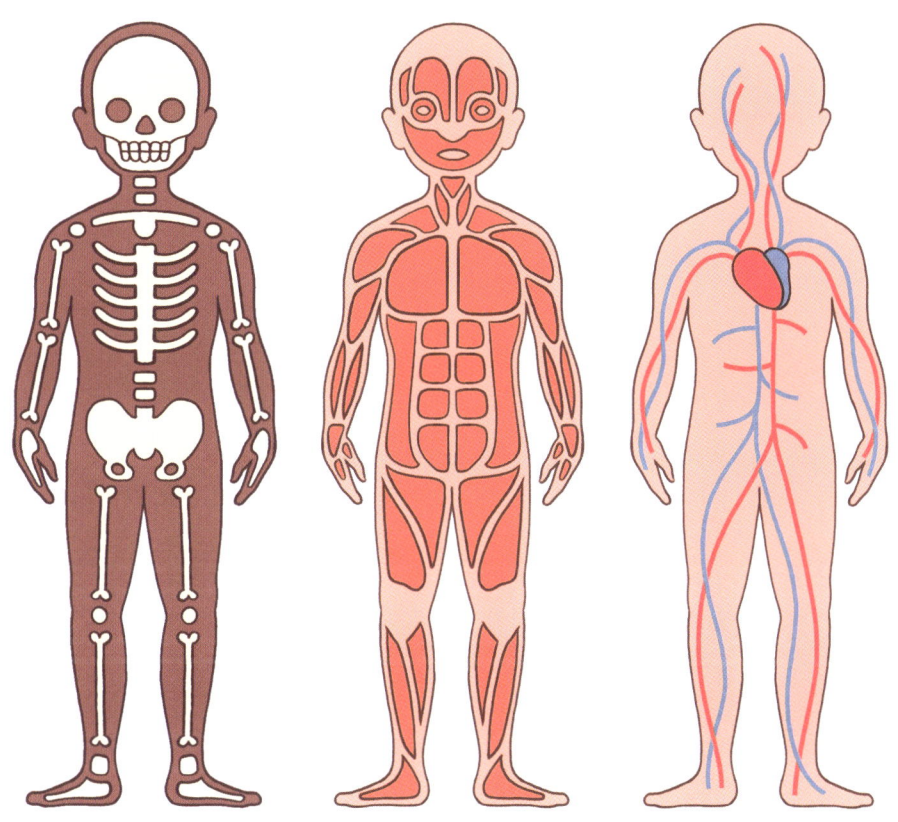

DAS MITMACHBUCH ZUM MALEN, RÄTSELN UND EXPERIMENTIEREN

Illustrationen von Christy Ni

Aus dem Englischen von Melanie Schirdewahn

Für meine Mutter: Danke, dass du in mir das Interesse für die Wissenschaft geweckt hast.

Für meinen Mann: Dein immerwährender Support bedeutet mir unendlich viel. Danke, dass du meine verrückten Ideen unterstützt und mich ermutigst, sie Wirklichkeit werden zu lassen.

Für meine Kinder: Danke, dass ihr mehr Kreativität, Spaß und Liebe in mein Leben gebracht habt. Ihr seid der Grund dafür, dass ich tue, was ich tue.

Originalausgabe
1. Auflage 2021
© 2021 by Yes Publishing – Pascale Breitenstein & Oliver Kuhn GbR
Türkenstraße 89, 80799 München
info@yes-publishing.de
Alle Rechte vorbehalten.

Die amerikanische Originalausgabe erschien 2019 bei Rockridge Press, a Callisto Media, Inc., Imprint, unter dem Titel *Human Body Activity Book for Kids: Hands-On Fun for Grades K-3*.
Text © 2019 by Callisto Media, Inc. All rights reserved.

Redaktion: Kristin Lohmann
Produktionsleitung: Erum Khan
Umschlaggestaltung: Ivan Kurylenko (hortasar covers)
Illustrationen: © Christy Ni
Layout: Katy Brown
Satz: Ortrud Müller – Die Buchmacher, Köln
Druck: Graspo CZ, Tschechische Republik
Printed in the EU

ISBN Print 978-3-96905-069-9

INHALT

BRIEF AN ELTERN UND LEHRENDE 4

ALLES ÜBER DEINEN KÖRPER 6

ECHTE WINZLINGE
Deine Zellen 10

KNOCHENGERÜST
Dein Skelett 14

MEGASTARK
Deine Muskeln 17

PRAKTISCHE SCHUTZHÜLLE
Deine Haut, Haare und Nägel 22

DIE GRAUEN ZELLEN
Gehirn und Nervensystem 26

AUGEN AUF
So kannst du sehen 29

VIEL UM DIE OHREN
So kannst du hören 33

IMMER DER NASE NACH
So kannst du riechen 36

ES LIEGT AUF DER ZUNGE
So kannst du schmecken 39

WEICH, HART, RAU
So kannst du fühlen 43

GUTES BAUCHGEFÜHL
Dein Verdauungssystem 47

HAND AUFS HERZ
Dein Herz und Kreislauf 50

TIEF EINATMEN
Lunge und Atmung 53

SCHUTZWALL GEGEN FEINDE
Dein Immunsystem 56

PASS AUF DEINEN KÖRPER AUF! 59

WEITERE WISSENSQUELLEN 62
REGISTER 63
ÜBER DIE AUTORIN 64

BRIEF AN ELTERN UND LEHRENDE

**Liebe Eltern,
liebe Lehrerinnen und Lehrer,**

ich freue mich sehr, dass Sie sich für dieses Übungsbuch entschieden haben, um Ihren Kindern oder Schülern Fakten über den menschlichen Körper näherzubringen.

Ich habe dieses Buch geschrieben, weil ich es sehr wichtig finde, Kinder mit Kenntnissen über ihren Körper auszustatten. Kinder sind von Natur aus neugierig und wollen erfahren, wie ihr Körper funktioniert. Dieses Interesse sollte man nutzen, um den Grundstein für ein gesundes, langes, zufriedenes Leben der künftigen Erwachsenen zu legen.

Ich selbst habe schon früh begonnen, mich für Naturwissenschaften zu interessieren. Meine Mutter war Naturwissenschaftslehrerin an einer amerikanischen Middle School und hat mich mit ihrer großen Liebe zur Wissenschaft angesteckt. Ihr allein ist es zu verdanken, dass ich ein Bachelorstudium in Humanbiologie begonnen und erfolgreich abgeschlossen habe. Heute kombiniere ich meinen naturwissenschaftlichen Hintergrund mit meinen Kenntnissen über die Entwicklung von Kindern, um sachkundliche Lehrmaterialien zu erstellen, die ich in meinem Blog *Gift of Curiosity* (Die Gabe der Neugierde) mit Eltern und Lehrenden teile.

Im Laufe der Jahre konnte ich in vielerlei Hinsicht von meinem Humanbiologie-Studium profitieren. Aufgrund meines Wissens über den menschlichen Körper kann ich mit unseren Gesundheitsdienstleistern auf Augenhöhe kommunizieren und bin in der Lage, in Gesundheitsbelangen für mich und meine Familie die richtigen Entscheidungen zu treffen. Ich hoffe, dass dieses Buch für Ihr Kind ein erster Schritt in ein ebenso selbstbestimmtes Leben ist.

Jedes Kapitel dieses Buchs widmet sich einem anderen System unseres Körpers und enthält Informationen über dessen jeweilige Bedeutung, detaillierte Schaubilder und interessante Funfacts. Und weil Kinder am besten lernen, wenn die Lerninhalte auf spielerische Art vermittelt werden, gibt es in jedem Kapitel zusätzlich unterhaltsame

Übungen und Aktivitäten, die den Lernprozess fördern und die Motivation steigern sollen. Alles, was man für diese Übungen braucht, sind ein Bleistift und Bunt- oder Filzstifte.

Die Aktivitäten sollen die Kinder anregen, die einzelnen Körpersysteme zu Hause selbst genauer zu erforschen. Damit Ihr Kind die »Hausaufgaben« gut bewältigen kann, ist teilweise allerdings auch Ihre Unterstützung gefragt.

Dieses Buch richtet sich an Kinder von vier bis acht Jahren. Kindergartenkinder brauchen selbstverständlich Ihre Hilfe beim Durcharbeiten des Buchs, ältere Kinder können vieles schon eigenständig lösen.

Ich bin übrigens der Meinung, dass wir als Eltern und Erzieher die Kinder selbst entscheiden lassen sollten, in welcher Reihenfolge sie das Buch durchgehen möchten. Das wird sie auch motivieren, das Buch von Anfang bis Ende durchzuarbeiten.

Ich hoffe inständig, dass die Informationen und Übungen in diesem Buch die Neugier Ihres Kindes wecken und das Interesse am eigenen Körper befeuern werden. Auf den letzten Seiten habe ich zudem Empfehlungen für weitere Bücher, Websites, Apps, Spiele und Modelle zusammengestellt, mit denen Ihr Kind sein Wissen über unseren fantastischen Körper weiter vertiefen kann.

Katie Stokes

ALLES ÜBER DEINEN KÖRPER

Menschliche Körper können ganz unterschiedlich aussehen: dick oder dünn, groß oder klein, mit heller oder dunkler Haut. Dein Körper wächst und verändert sich ständig. Doch obwohl wir alle anders aussehen, läuft innen im Körper alles gleich ab. Mit verschiedenen Teilen deines Körpers kannst du sehen, hören, riechen, schmecken und fühlen. Und dein Körper kann laufen, klettern, sprechen oder auch lernen. Ist das nicht toll?

Ein Mensch kann überleben, auch wenn er den Magen, die Milz, eine der Nieren, einen Lungenflügel oder den Großteil der Leber oder des Darms verliert. Besonders fit ist er dann aber nicht mehr.

Eine deutsche Frau ist im Durchschnitt 1,66 Meter groß und wiegt 71,6 Kilo. Ein deutscher Mann ist durchschnittlich 1,80 Meter groß und wiegt 88,8 Kilo.

FÜNF FUNFACTS

1. Du wächst im Frühling schneller als in den anderen Jahreszeiten.

2. Du bist morgens größer als abends. Das liegt daran, dass die kleinen Polster zwischen deinen Knochen, die Knorpel, beim Stehen und Gehen zusammengedrückt werden. Du schrumpfst also etwas im Laufe des Tages. In der Nacht dehnt sich der Knorpel wieder aus, und wenn du aufwachst, bist du wieder ein bisschen größer.

3. Du verbringst fünf Jahre deines Lebens nur mit Essen.

4. Du schläfst in deinem Leben ungefähr 25 Jahre lang.

5. Du gehst in deinem Leben etwa 170 000 Kilometer. Das ist viermal um die Erde.

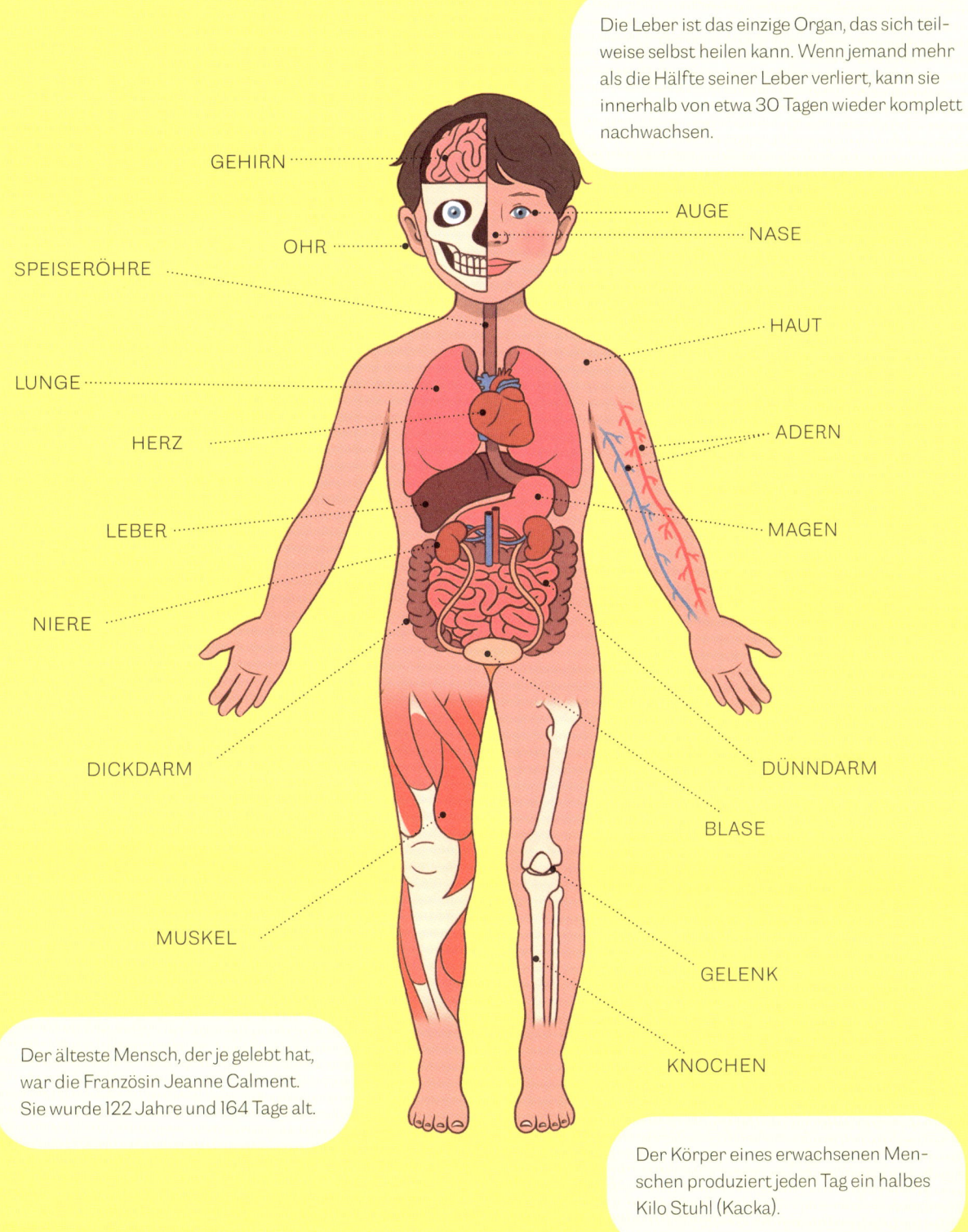

ÜBUNG

Füll den Lückentext aus und verwende dazu die Wörterliste unten.

Wir _____ mit unseren 👁 .

Wir _____ mit unserer 🫁 .

Wir _____ mit unserem 🧠 .

Wir _____ mit unserer 👃 .

Wir _____ uns mit unseren 💪 .

Wir _____ mit unseren 👂 .

WÖRTERLISTE

| bewegen | hören | denken |
| sehen | atmen | riechen |

8 UNSER KÖRPER – DER LERNSPASS FÜR KINDER

Mach mal mit!

Du brauchst deinen Körper für unglaublich viele Dinge. Erstell bitte eine Liste mit zehn (oder mehr!) Sachen, die du mit deinem Körper machst.

_____

_____

_____

_____

_____

_____

_____

_____

_____

_____

ECHTE WINZLINGE:
DEINE ZELLEN

Dein Körper besteht aus Billionen winziger Bausteine, die man Zellen nennt. Jede Zelle ist wie eine kleine Fabrik, in der dafür gearbeitet wird, dass alles im Körper richtig funktioniert. Manche Zellen schließen sich auch zusammen und bilden dann Knochen, Muskeln, Organe oder andere Körperteile. Sie helfen dir, dich zu bewegen, zu atmen, zu essen oder zu spielen. Wen die Zellen gesund sind, bleibt auch der Körper gesund.

Die meisten Zellen sind so klein, dass man sie nur unter dem Mikroskop sehen kann..

Zellen wurden im Jahr 1665 vom englischen Wissenschaftler Robert Hooke entdeckt.

Wenn sich Gruppen ähnlicher Zellen zusammenschließen, können sie Organe oder andere Körperteile bilden.

FÜNF FUNFACTS

1. Dein Körper besteht aus fast 35 Billionen Zellen. Du hast also 5000 Mal mehr Zellen, als es Menschen auf der Erde gibt.

2. Die längsten Zellen im menschlichen Körper sind die motorischen Nervenzellen. Sie können bis zu 1,37 Meter lang werden und vom Gehirn bis zu den Muskeln reichen. Allerdings sind sie so dünn, dass man sie nur unter dem Mikroskop sehen kann.

3. Während du diesen Satz liest, werden in deinem Körper 50 000 alte Zellen durch neue ersetzt.

4. Neue Zellen entstehen durch Mitose. Bei der Mitose teilt sich der Zellkern in zwei Teile und es bilden sich zwei komplett gleiche neue Zellen.

5. In deinem Körper gibt es dreimal so viele Bakterienzellen wie Körperzellen. Bakterien sind klitzekleine Lebewesen.

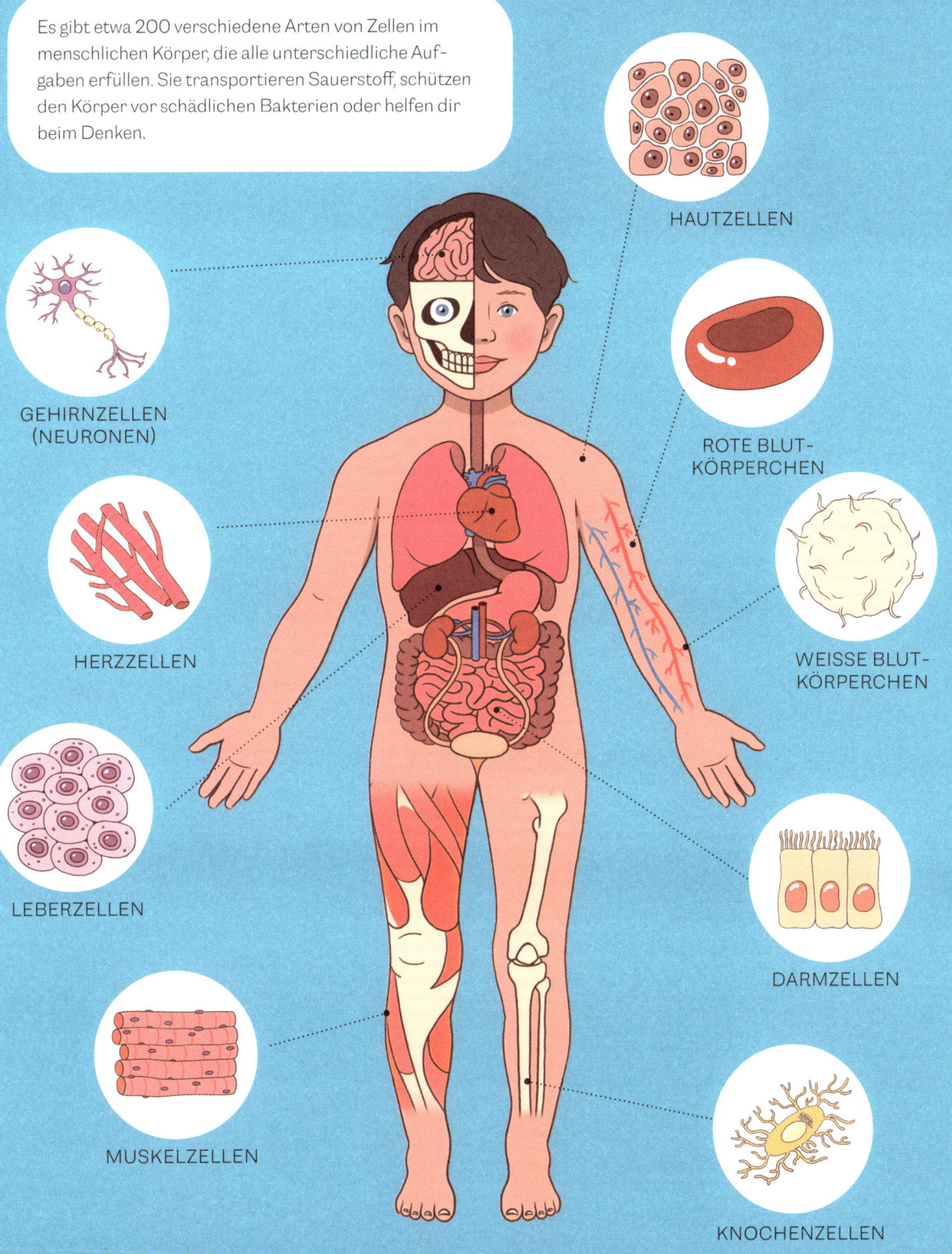

ÜBUNG

Dein Körper besteht aus Billionen von Zellen. In dieser Übung lernst du, wie die Zellen zusammenarbeiten. Mal ein Bild der Organe, die sich aus den unterschiedlichen Zellen zusammensetzen. Hilfe findest du in der Abbildung auf Seite 11.

HIER SIEHST DU EINE GEHIRNZELLE (NEURON). Viele dieser Zellen bilden zusammen dein Gehirn. Mal bitte ein Bild von deinem Gehirn.

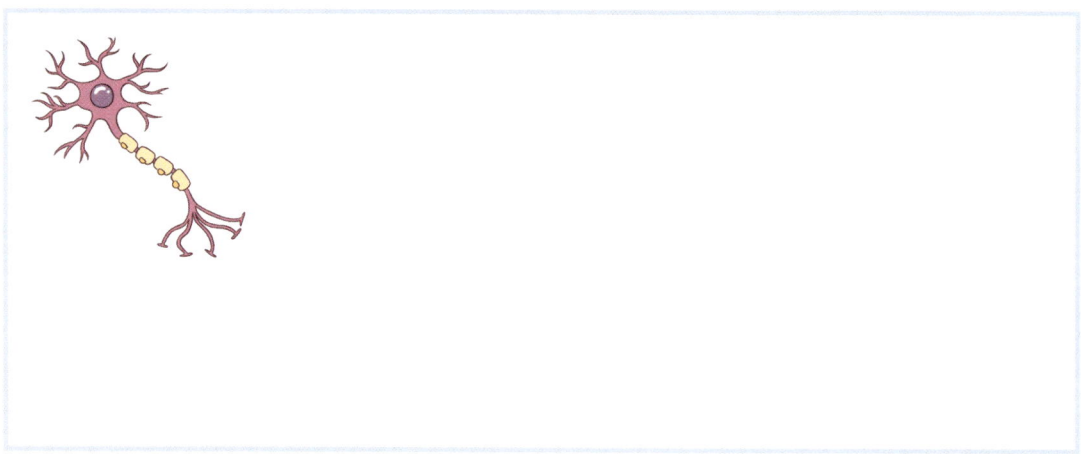

DAS HIER SIND MUSKELZELLEN. Viele dieser Zellen bilden zusammen deine Muskeln. Mal bitte ein Bild deiner Muskeln.

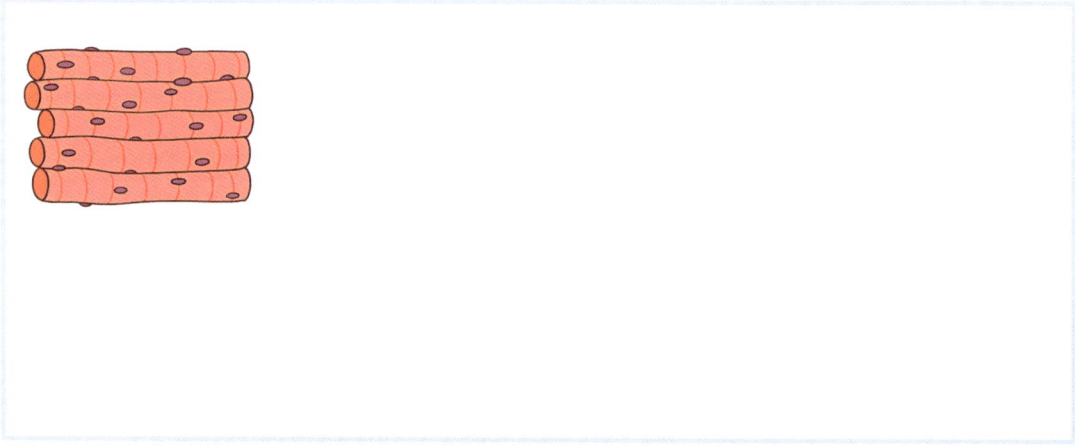

DAS HIER SIND HERZZELLEN. Viele dieser Zellen bilden zusammen dein Herz. Mal ein Bild von deinem Herzen.

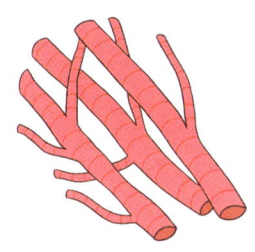

HIER SIEHST DU EINE KNOCHENZELLE. Viele dieser Zellen bilden zusammen deine Knochen. Mal ein Bild von deinen Knochen.

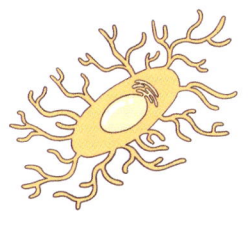

➡ Mach mal mit!

Bitte einen Erwachsenen, dir im Internet ein Bild von einer Zelle und ihren Einzelteilen zu zeigen. Oder schau in einem Buch in der Bücherei nach. Such dir dann zu Hause passende Materialien und bau das Modell einer Zelle nach. Sei kreativ! Du kannst die Zelle zum Beispiel aus Lebensmitteln, Spielzeugen oder Bastelmaterialien bauen.

KNOCHENGERÜST: DEIN SKELETT

Knochen sind harte, feste Teile in deinem Körper, die zusammen das Skelett bilden. Deine Knochen haben viele wichtige Aufgaben. Erstens stützen sie deinen Körper. Ohne das Skelett würdest du einfach zusammenklappen! Zweitens sorgen die Knochen zusammen mit den Muskeln dafür, dass du dich bewegen kannst. Drittens schützen sie deine inneren Organe. Und viertens werden in deinen Knochen Blutzellen gebildet und lebenswichtige Mineralien gelagert. Du siehst also: Knochen sind viel mehr als nur deine Stütze.

FÜNF FUNFACTS

1. Ein Viertel deiner Knochen hast du in den Füßen. Der Fuß eines Erwachsenen hat 26 Knochen und 33 Gelenke.

2. In den Knochen gibt es eine weiche, schwammartige Masse, die man Knochenmark nennt. Im Knochenmark werden neue Blutzellen gebildet.

3. Der längste Knochen in deinem Körper ist der Oberschenkelknochen.

4. Der kleinste menschliche Knochen ist der Steigbügel in deinem Ohr.

5. Deine Zähne haben zwar eine ähnliche Farbe wie deine Knochen, trotzdem sind Zähne keine Knochen.

➡ Mach mal mit!

Kleb zu Hause ein paar Nudeln oder Wattestäbchen in Form eines Skeletts auf ein Stück schwarzes Papier. Als Vorlage kannst du das Skelettbild auf der rechten Seite oder ein Bild aus dem Internet nehmen.

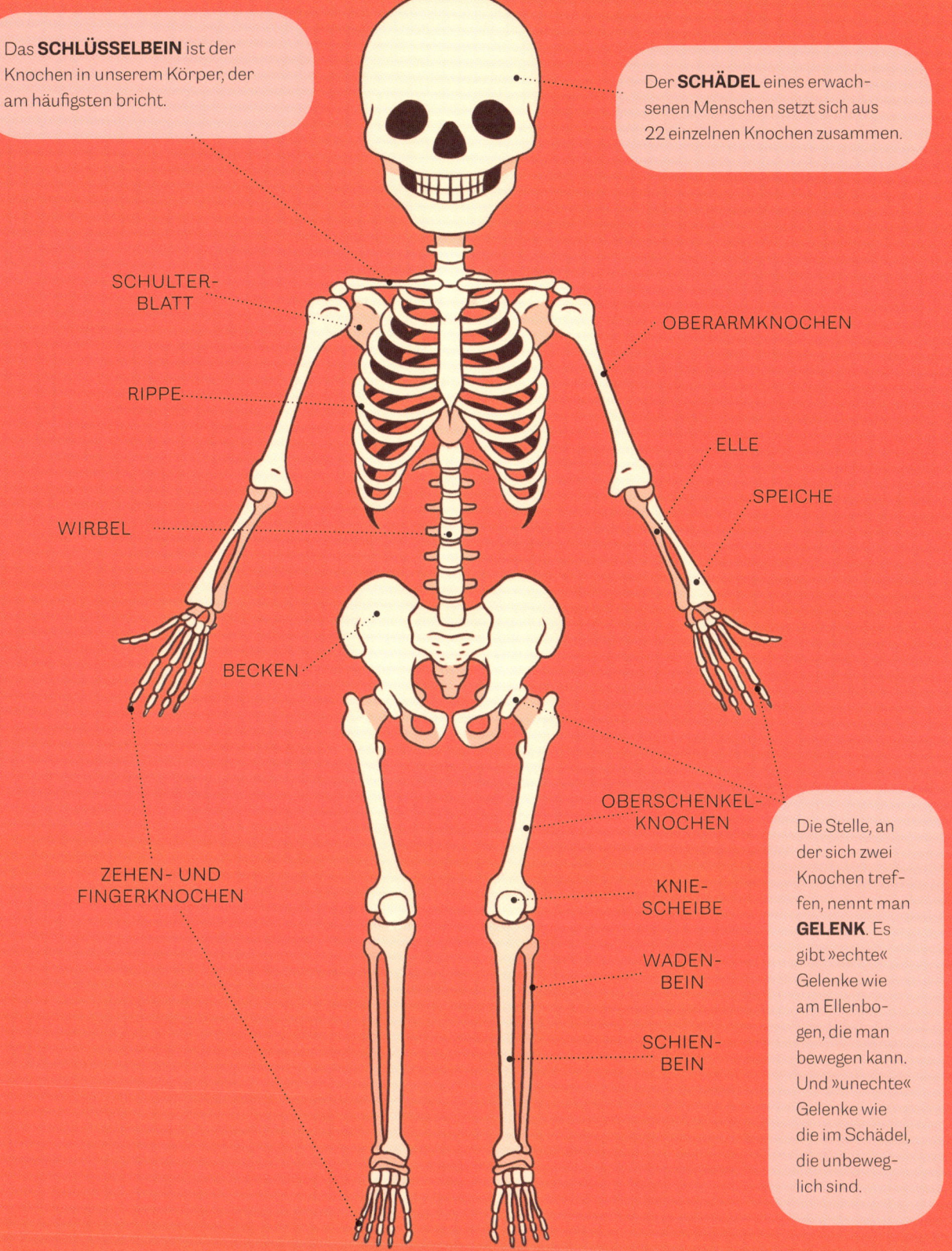

ÜBUNG

Mal die **Schädelknochen** gelb aus.

Mal die **Wirbel** und **Rippen** rot aus.

Mal die **Zehen-** und **Fingerknochen** orange aus.

Mal das **Schlüsselbein** und das **Schulterblatt** grau aus.

Mal **Oberarmknochen**, **Elle** und **Speiche** grün aus.

Mal die **Beckenknochen** blau aus.

Mal die **Oberschenkelknochen**, das **Wadenbein** und das **Schienbein** lila aus.

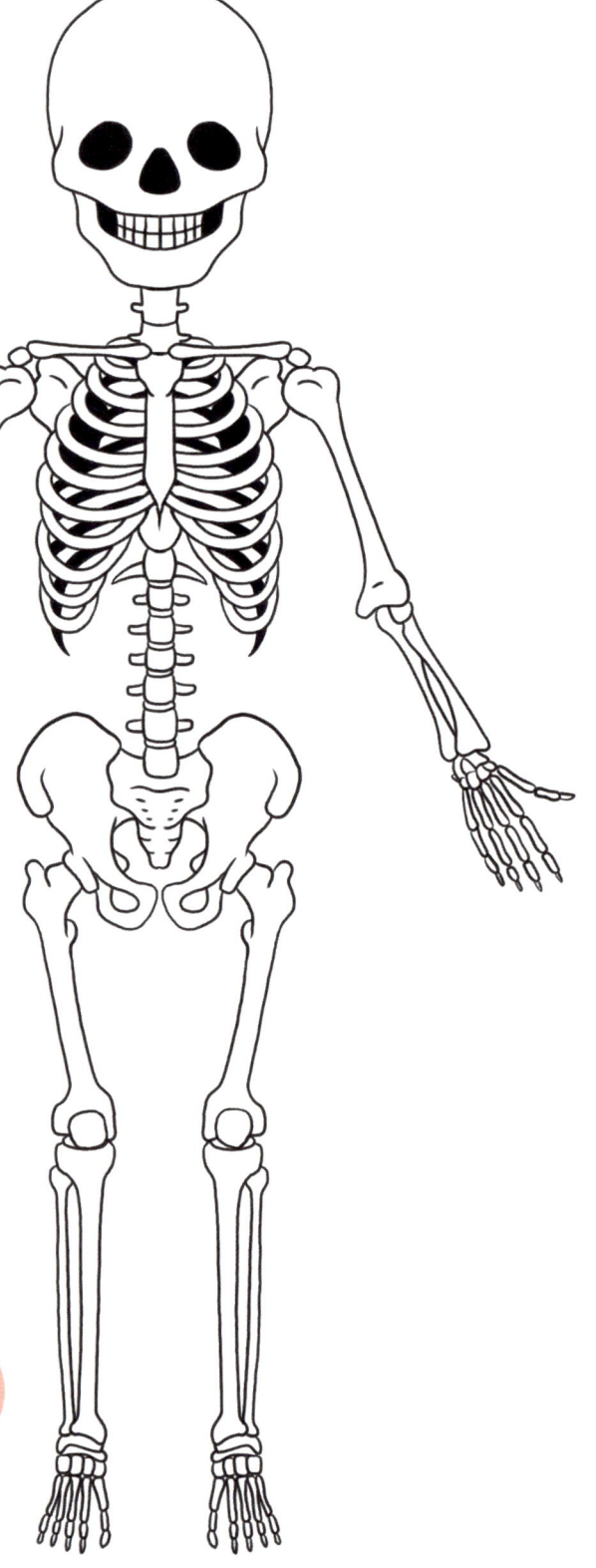

Als Baby hat man ungefähr 300 Knochen. Nach und nach wachsen einige der Knochen aber zusammen. Als Erwachsener hat man dann nur noch 206 Knochen.

Gemessen an ihrem Gewicht sind Knochen fünfmal stärker als Stahl.

MEGASTARK: DEINE MUSKELN

Die Muskeln in deinem Körper helfen dir dabei, dich zu bewegen. Aber das weißt du bestimmt schon. Diese Muskeln nennt man Skelettmuskeln. Weißt du aber auch, dass es noch zwei andere Arten von Muskeln gibt? Erstens wären da die Herzmuskeln, die Blut durch dein Herz und deinen Körper pumpen. Und zweitens gibt es die glatten Muskeln. Sie helfen dir beim Atmen und Verdauen, und sie transportieren Blut durch deinen Körper. Das schafft dein Herz nämlich nicht allein. Während die Herzmuskeln und die glatten Muskeln nie Pause machen, können sich die Skelettmuskeln zwischendurch mal ausruhen. Die Herzmuskeln und die glatten Muskeln laufen also von allein; du kannst sie nicht kontrollieren. Ohne diese Muskeln kannst du nicht überleben.

FÜNF FUNFACTS

1. Wenn man hart trainiert, werden die Muskeln, die man schon hat, dicker. Es wachsen also keine neuen Muskelfasern.

2. Wenn alle Skelettmuskeln in deinem Körper gleichzeitig in eine Richtung ziehen würden, könnten sie 25 Tonnen bewegen. Dann wäre man stark genug, um vier Elefanten hochzuheben!

3. Der größte Muskel in deinem Körper ist dein Po-Muskel (oder Gesäßmuskel) »Gluteus maximus«.

4. Der stärkste Muskel in deinem Körper (also der Muskel, der den stärksten Druck ausüben kann), ist der Kaumuskel »Masseter«. Er hilft dir beim Zerkauen des Essens.

5. 40 Prozent deines Körpergewichts sind Muskeln.

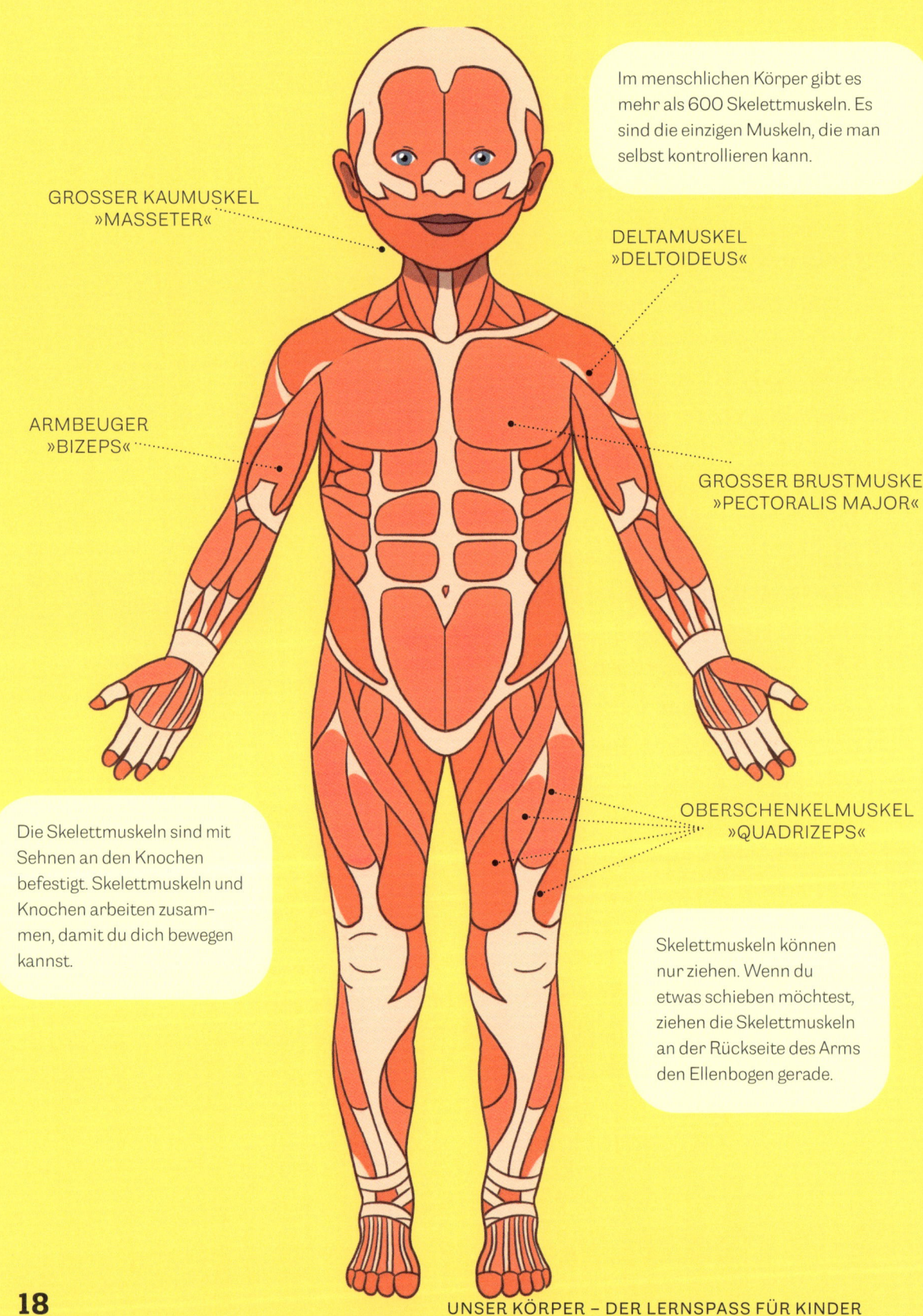

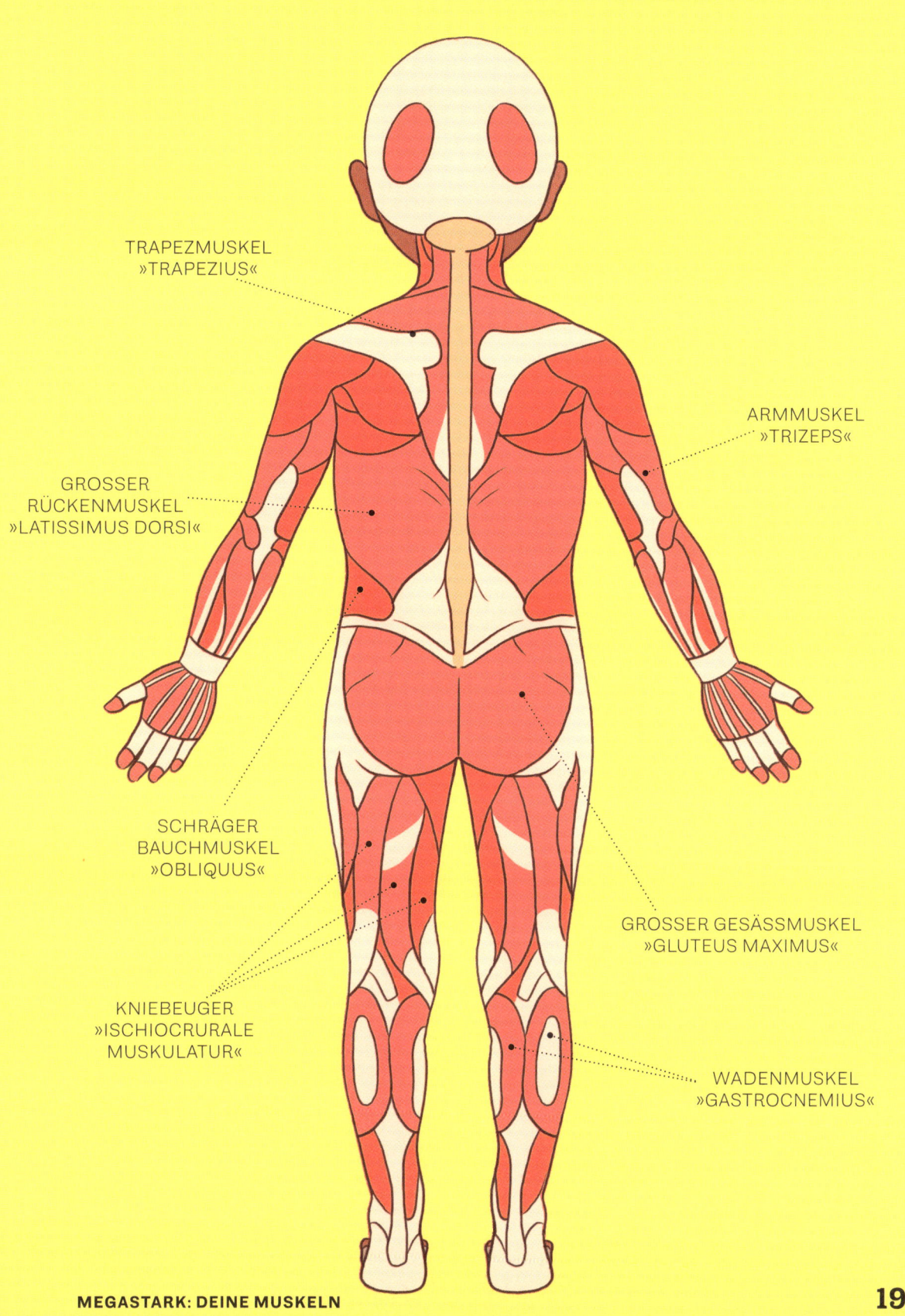

ÜBUNG

Mal dich selbst in einer Situation, in der du den Kaumuskel **Masseter** benutzt.

Mal dich selbst in einer Situation, in der du den Armmuskel **Bizeps** benutzt.

Mal dich selbst in einer Situation, in der du den Wadenmuskel **Gastrocnemius** benutzt.

➡ Mach mal mit!

Bitte einen Erwachsenen, im Internet oder in der Bücherei Übungen für dich herauszusuchen, mit denen du deine Muskeln trainieren kannst. Probier mindestens eine Übung aus, die deine Armmuskeln kräftigt, und eine Übung, die deine Beinmuskeln stärker macht.

PRAKTISCHE SCHUTZHÜLLE:
DEINE HAUT, HAARE UND NÄGEL

Man schaut sich seine Haut, Haare und Nägel zwar oft an, aber man denkt gar nicht darüber nach, wofür sie überhaupt da sind. Dabei haben sie sehr wichtige Aufgaben.

Die Haut ist das größte Organ deines Körpers. Sie hält Bakterien und Viren davon ab, in deinen Körper einzudringen, und sie stellt Schweiß her, damit dir nicht zu heiß wird. Außerdem kannst du mit der Haut tasten und fühlen.

Deine Haare halten dich warm und schützen dich. Deine Augenbrauen halten zum Beispiel den Schweiß davon ab, in deine Augen zu laufen.

Deine Nägel schützen deine empfindlichen Fingerspitzen. Außerdem könntest du dich ohne Fingernägel nicht kratzen oder einen Knoten aufmachen.

FÜNF FUNFACTS

1. Die oberste Schicht deiner Haut, die Oberhaut (Epidermis), erneuert sich einmal im Monat.
2. Du hast überall am Körper Haare, nur nicht an den Handflächen, Fußsohlen und Lippen.
3. Deine Haare wachsen tagsüber schneller als nachts und im Winter langsamer als im Sommer.
4. Fingernägel wachsen ungefähr viermal so schnell wie Fußnägel.
5. Die Haarwurzeln in deiner Haut sind lebendig. Das Haar, das daraus wächst, ist aber tot. Darum tut Haareschneiden nicht weh.

Jeder Millimeter deiner Haut besteht aus Tausenden von Zellen und Hunderten von Schweißdrüsen, Talgdrüsen, Nervenenden und Blutgefäßen.

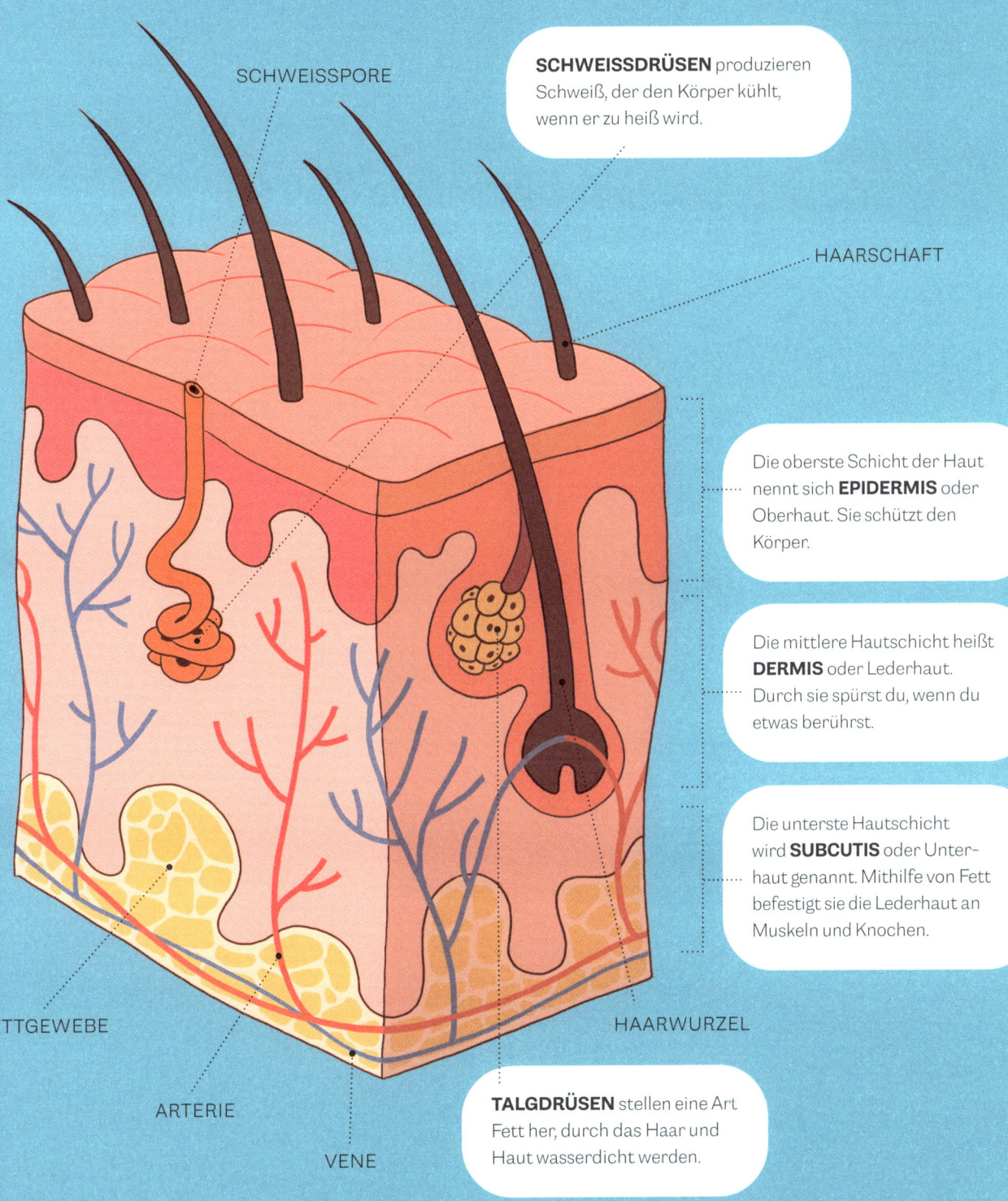

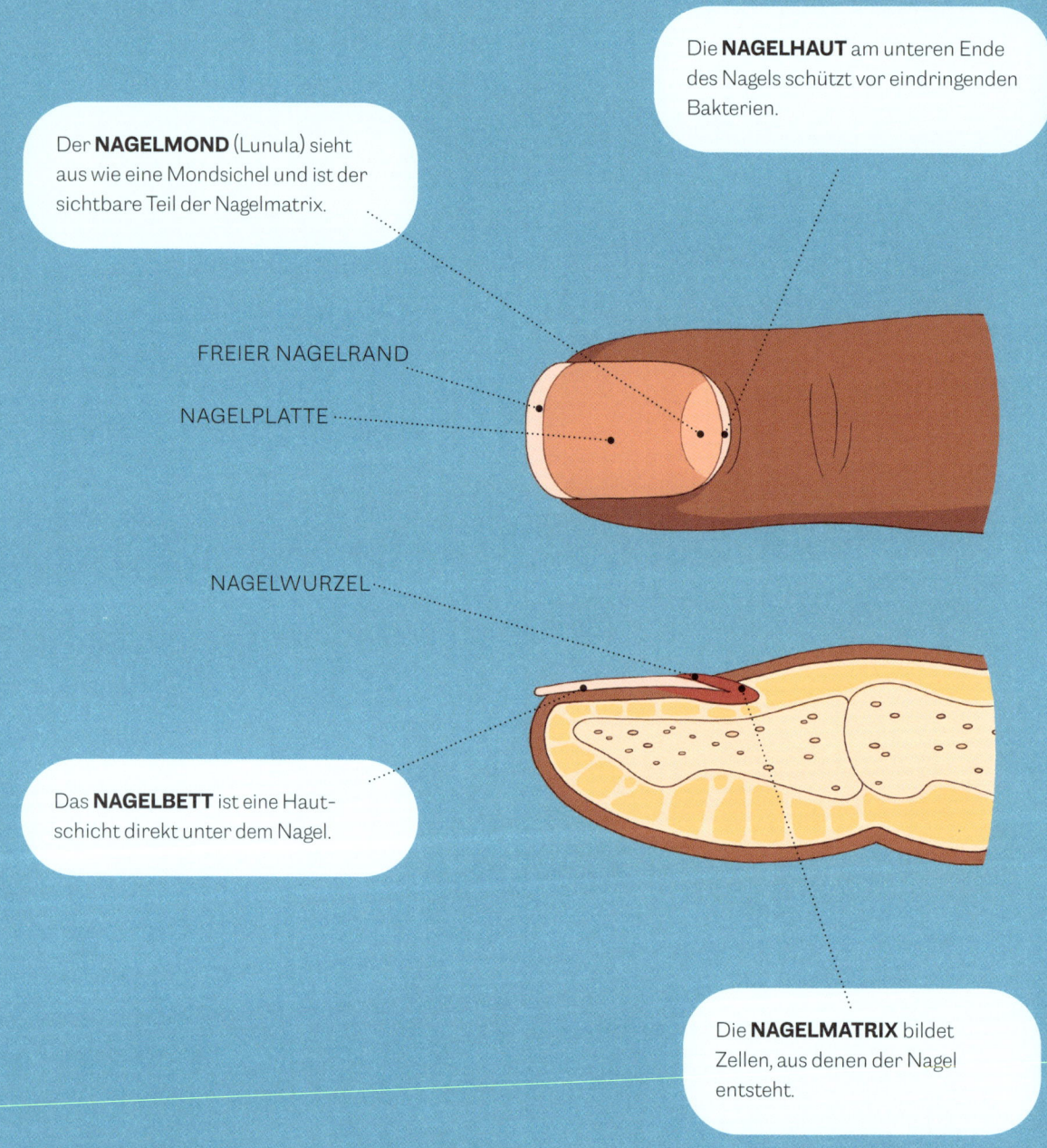

ÜBUNG

WÖRTERLISTE
Schwitzen
Epidermis
Nagel
Haar
Haut

Längs

1. Das größte Organ des Körpers. Es schützt den Körper vor Bakterien.
2. Hilft dir, dich zu kratzen.

Quer

1. Hält deinen Kopf oben warm.
3. Hilft deinem Körper, damit dir nicht zu heiß wird.
4. Die oberste Schicht deiner Haut.

Mach mal mit!

Bitte jemanden, verschiedene Gegenstände zu sammeln und getrennt voneinander in Papiertüten zu stecken. Er oder sie darf nur Sachen auswählen, die nicht scharf oder spitz sind, damit du dich nicht verletzt.

Verbind deine Augen und lass dir dann eine Tüte nach der anderen geben. Greif hinein und find nur mit deinem Tastsinn heraus, was in der Tüte ist.

DIE GRAUEN ZELLEN: GEHIRN UND NERVENSYSTEM

Dein Gehirn ist wie ein Computer, der dein Denken, deine Sprache und deine Gefühle steuert. Das macht das Gehirn über unser Nervensystem, zu dem auch Rückenmark und Nerven gehören. Das Gehirn sendet über die Nerven Nachrichten an alle Körperteile und sagt ihnen, was sie zu tun haben. Und umgekehrt schicken die Nerven Informationen von deinen Augen, deinen Ohren, deiner Nase, deinem Mund und deiner Haut zum Gehirn. So weiß das Gehirn immer, was in deiner Welt so passiert.

FÜNF FUNFACTS

1. Dein Gehirn macht nur 2 Prozent deines Körpergewichts aus. Allerdings verbraucht es 20 Prozent deiner Energie. Mit dieser Energie könntest du ein Nachtlicht zum Leuchten bringen.

2. Es gibt in deinem Gehirn ungefähr so viele Nervenzellen, wie es Sterne in der Milchstraße gibt.

3. Dein Gehirn versendet jeden Tag mehr Nachrichten als alle Handys auf der Welt zusammen.

4. Die Informationen können mit einer Geschwindigkeit von bis zu 360 Stundenkilometern durch die Nerven geschickt werden. Das ist schneller als die meisten Rennautos!

5. Wenn das Nervensystem beschädigt wird, kann es passieren, dass man sich nicht mehr richtig bewegen kann und teilweise gelähmt ist.

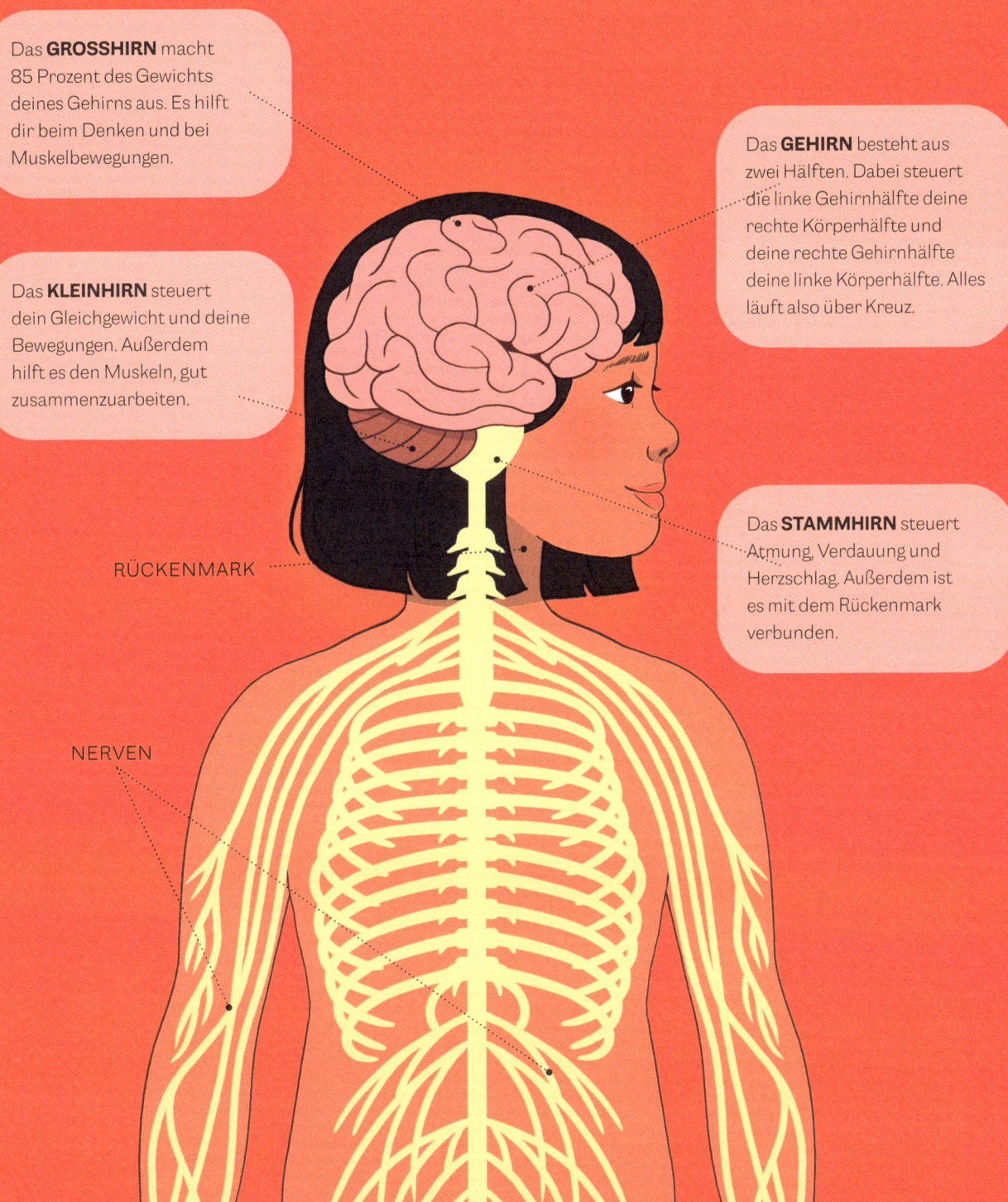

Das **GROSSHIRN** macht 85 Prozent des Gewichts deines Gehirns aus. Es hilft dir beim Denken und bei Muskelbewegungen.

Das **KLEINHIRN** steuert dein Gleichgewicht und deine Bewegungen. Außerdem hilft es den Muskeln, gut zusammenzuarbeiten.

Das **GEHIRN** besteht aus zwei Hälften. Dabei steuert die linke Gehirnhälfte deine rechte Körperhälfte und deine rechte Gehirnhälfte deine linke Körperhälfte. Alles läuft also über Kreuz.

Das **STAMMHIRN** steuert Atmung, Verdauung und Herzschlag. Außerdem ist es mit dem Rückenmark verbunden.

RÜCKENMARK

NERVEN

DIE GRAUEN ZELLEN: GEHIRN UND NERVENSYSTEM

ÜBUNG

Hilf der Nachricht dabei, durch das Gehirn bis nach unten in den Körper zu wandern. Zieh dazu eine Linie durch das Labyrinth.

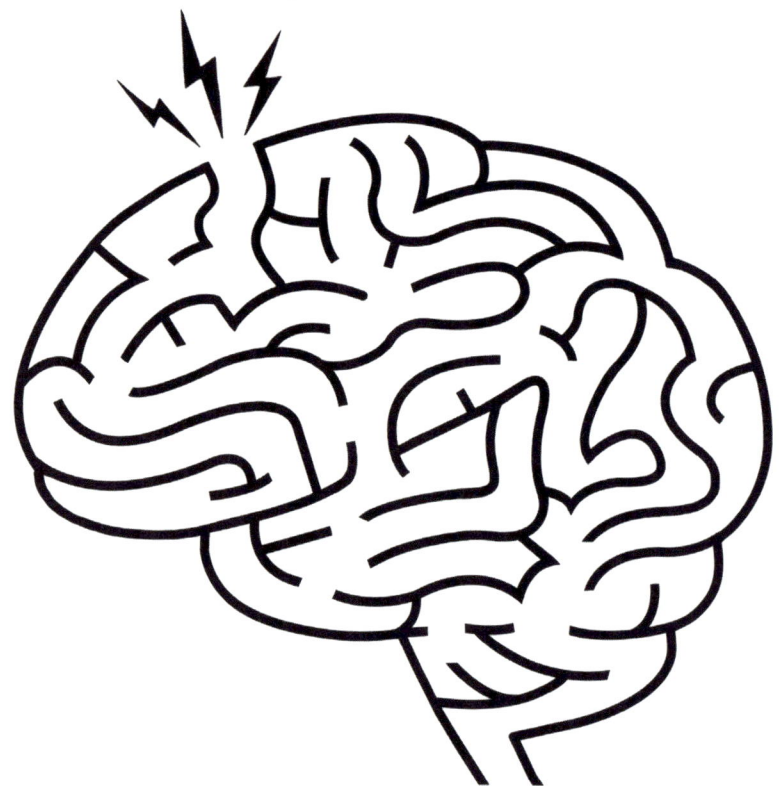

➡ Mach mal mit!

Ein Reflex ist eine Reaktion des Körpers, die ganz automatisch und ohne Nachdenken passiert. Reflexe sind Teil des Nervensystems. Hast du schon mal vom Kniescheibenreflex gehört? Den kannst du mit einem Übungspartner selbst testen!

Setz dich dazu auf einen Stuhl und leg ein Bein locker über das andere. Such am oben liegenden Bein die weiche Stelle direkt unter der Kniescheibe. Bitte deinen Partner, genau auf diese Stelle zu klopfen, und zwar mit der Handkante. Wenn ihr die richtige Stelle erwischt, bewegt sich dein Unterschenkel ruckartig nach oben.

AUGEN AUF:
SO KANNST DU SEHEN

Deine Augen sind wie kleine Kameras, die ständig Fotos von der Welt um dich herum machen. Die Fotos kommen durch den schwarzen Punkt in der Mitte des Auges (Pupille) ins Auge und werden über Nerven ins Gehirn geschickt. Erst im Gehirn werden die Fotos zu einem richtigen Bild zusammengesetzt.

> ### ➡ Mach mal mit!
>
> Leg mehrere kleine Dinge auf den Tisch. Halt dir dann ein Auge mit der Hand zu. Streck den Arm aus und versuch, einen Gegenstand mit den Fingern zu treffen. Gar nicht so leicht mit nur einem Auge! Öffne jetzt beide Augen und wiederhol das Ganze. Das geht viel einfacher, oder?
>
> Dein Gehirn braucht die Informationen aus beiden Augen, um zu wissen, wie weit etwas von dir entfernt ist. Deshalb ist es einfacher, den Gegenstand zu treffen, wenn beide Augen offen sind.

FÜNF FUNFACTS

1. Als du geboren wurdest, konntest du nur die Farben Schwarz, Weiß und Grau sehen. Jetzt siehst du zehn Millionen verschiedene Farbtöne.

2. Viele Jungs und auch ein paar Mädchen sind farbenblind. Das heißt, dass sie den Unterschied zwischen Rot und Grün und zwischen Blau und Gelb nicht erkennen können. Für sie sehen die Farben gleich aus.

3. Das Bild, das dein Auge auf der Rückseite der Netzhaut sieht, steht auf dem Kopf. Erst im Gehirn wird das Bild umgedreht, damit du alles normal siehst.

4. Man blinzelt bis zu 10 000 Mal am Tag. Blinzeln hilft, Staub vom Auge zu entfernen und das Auge feucht zu halten.

5. Es ist unmöglich, die Augen offen zu halten, während man niest.

Der menschliche Augapfel ist ungefähr so groß wie ein Tischtennisball und wiegt weniger als eine 50-Cent-Münze.

Deine **AUGENBRAUEN** schützen dein Auge vor herunterlaufendem Schweiß. Außerdem zeigen sie anderen Menschen ein bisschen, was du gerade denkst und meinst.

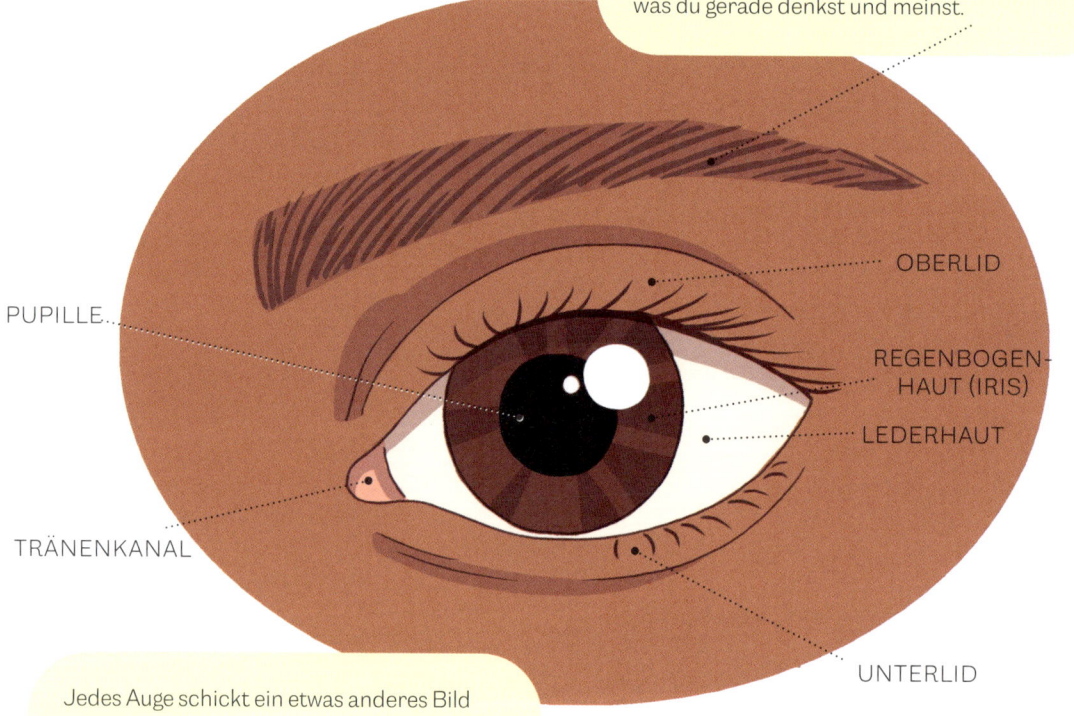

PUPILLE

OBERLID

REGENBOGEN-HAUT (IRIS)

LEDERHAUT

TRÄNENKANAL

UNTERLID

Jedes Auge schickt ein etwas anderes Bild zum Gehirn. Das Gehirn nutzt beide Bilder, um einzuschätzen, wie weit ein Gegenstand entfernt ist.

Die Augenfarbe hängt davon ab, wie viel *Melanin* du im Auge hast. Die häufigste Augenfarbe ist Braun, danach kommt Blau.

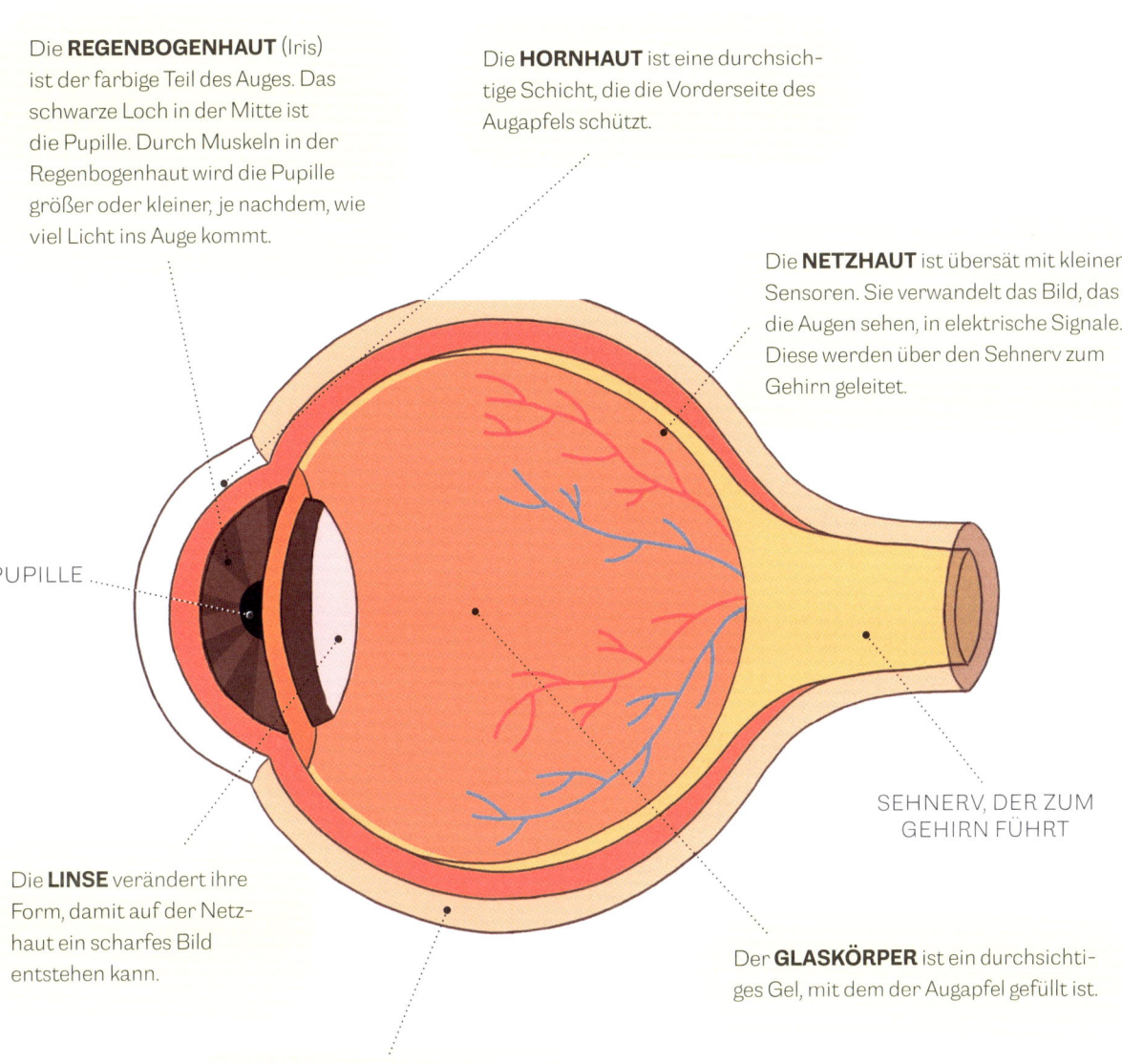

Die **REGENBOGENHAUT** (Iris) ist der farbige Teil des Auges. Das schwarze Loch in der Mitte ist die Pupille. Durch Muskeln in der Regenbogenhaut wird die Pupille größer oder kleiner, je nachdem, wie viel Licht ins Auge kommt.

Die **HORNHAUT** ist eine durchsichtige Schicht, die die Vorderseite des Augapfels schützt.

Die **NETZHAUT** ist übersät mit kleinen Sensoren. Sie verwandelt das Bild, das die Augen sehen, in elektrische Signale. Diese werden über den Sehnerv zum Gehirn geleitet.

PUPILLE

SEHNERV, DER ZUM GEHIRN FÜHRT

Die **LINSE** verändert ihre Form, damit auf der Netzhaut ein scharfes Bild entstehen kann.

Der **GLASKÖRPER** ist ein durchsichtiges Gel, mit dem der Augapfel gefüllt ist.

Die **LEDERHAUT** ist die weiße, feste, äußere Schicht des Augapfels.

AUGEN AUF: SO KANNST DU SEHEN

ÜBUNG

Deine Augen machen Fotos von allen Dingen um dich herum. Dein Gehirn nutzt diese Bilder, damit du sehen kannst. Manchmal kann man sein Gehirn aber austricksen und etwas sehen, das gar nicht da ist. Es ist wie Zauberei und nennt sich optische Täuschung.

Die schwebende Fingerwurst

Halt deine Zeigefinger auf Augenhöhe, etwa 13 Zentimeter vor deinem Gesicht. Die Fingerspitzen sollten sich fast berühren, mit einem kleinen Abstand dazwischen. Guck jetzt zwischen den Fingern hindurch in die Ferne. Siehst du die schwebende Fingerwurst? Beweg mal deine Hände vor und zurück und schau, was dann passiert!

Was ist da los? Die Sache ist die: Du guckst zwar in die Ferne, aber deine Augen sehen immer noch deine Finger. Allerdings siehst du nur den Teil der Finger direkt vor dir. Weil das Gehirn sich keinen Reim darauf machen kann, lässt es dich die schwebende Wurst sehen.

Die magische Glühbirne

Starr 15 Sekunden lang auf die schwarze Glühbirne unten auf der Seite. Guck dann sofort an eine weiße Wand oder auf ein Stück weißes Papier. Siehst du die helle Glühbirne?

VIEL UM DIE OHREN:
SO KANNST DU HÖREN

Welche Geräusche hörst du gerade? Spricht irgendjemand? Zwitschert ein Vogel? Oder brummt gerade ein Auto vorbei? All diese Geräusche hörst du nur, weil du Ohren hast. Deine Ohren bestehen aus drei Hauptteilen: dem Außenohr, dem Mittelohr und dem Innenohr. Alle drei Teile fangen die Geräusche in deiner Umgebung auf und schicken sie zu deinem Gehirn.

FÜNF FUNFACTS

1. Ist dir schon mal aufgefallen, dass ältere Leute oft große Ohren haben? Das liegt daran, dass die Ohrmuschel nie aufhört zu wachsen. Die Ohren werden also auch dann noch größer, wenn man schon ausgewachsen ist.

2. Deine Ohren liegen sich genau gegenüber. Das hilft dir herauszufinden, aus welcher Richtung ein Geräusch kommt. Weil das Geräusch an einem Ohr lauter ankommt als am anderen, erkennt das Gehirn, woher es kommt.

3. Deine Ohren hören immer, auch wenn du schläfst. Damit du trotzdem gut schlafen kannst, ignoriert dein Gehirn einfach alle Geräusche.

4. Sehr laute Geräusche können deine Ohren dauerhaft schädigen. Auch wenn du sie nur ein paar Minuten lang hörst.

5. Deine Ohren helfen dir auch, dein Gleichgewicht zu halten. Die Flüssigkeit in deinem Innenohr verrät dem Gehirn, wenn dein Körper sich bewegt oder zu einer Seite neigt.

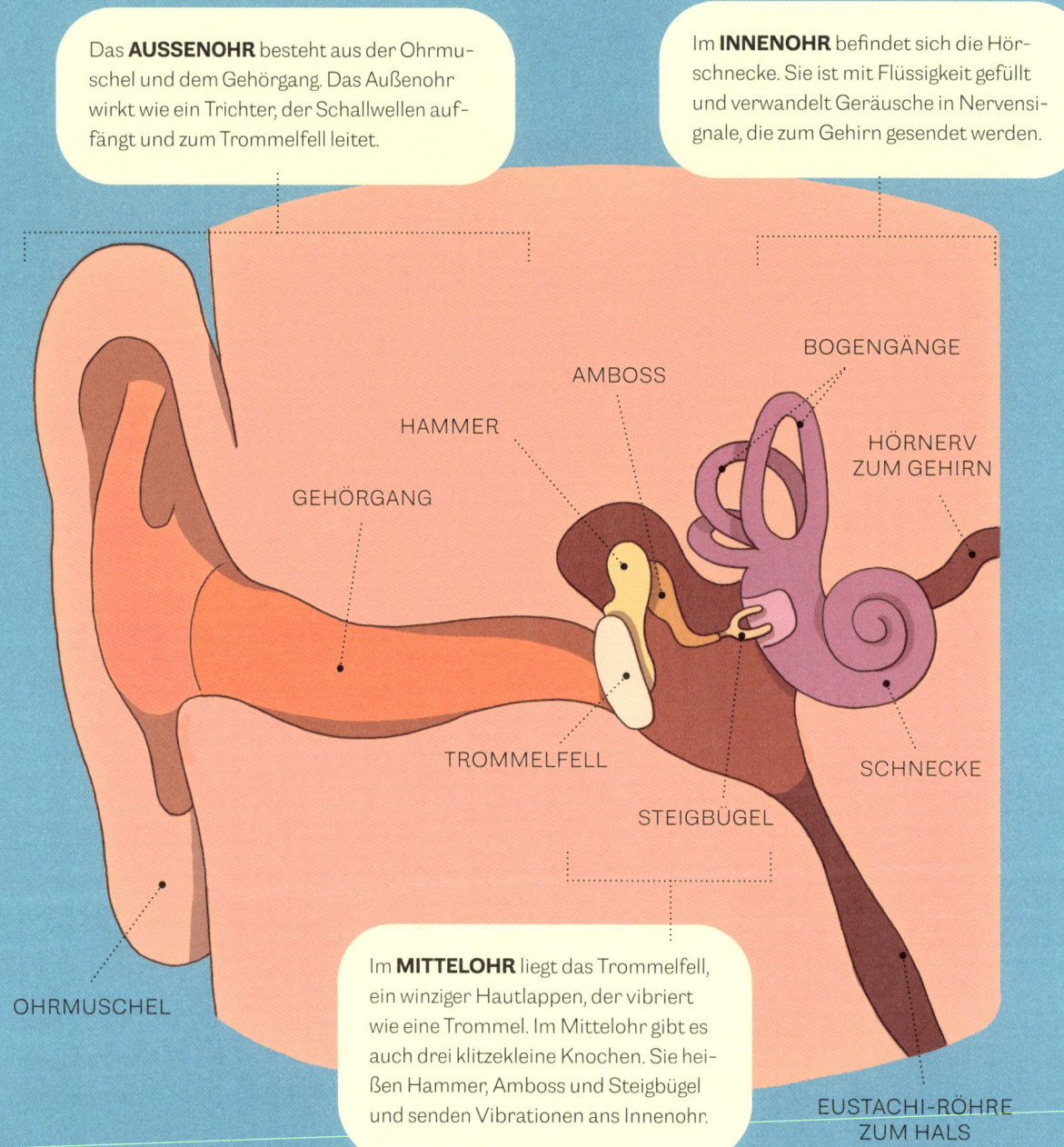

ÜBUNG

Kreis alle Sachen ein, die man hören kann. Streich dann alles durch, was man nicht hören kann.

> ### ➡ Mach mal mit!
>
> Dreh dich fünfmal ganz schnell um dich selbst und halt dann an. Ist dir jetzt schwindelig? Das liegt daran, dass die Flüssigkeit in deinem Ohr sich noch weiterbewegt, obwohl du schon stehen geblieben bist. Dein Gehirn glaubt deshalb, dass du dich bewegst. Weil aber die Augen anzeigen, dass du stehst, ist das Gehirn so verwirrt, dass dir schwindelig wird.

VIEL UM DIE OHREN: SO KANNST DU HÖREN

IMMER DER NASE NACH:
SO KANNST DU RIECHEN

Weißt du, wie frisch gebackener Kuchen oder ein reifer Apfel riechen? Natürlich weißt du das! Schließlich hast du eine Nase! Deine Nase hilft dir beim Riechen, aber auch beim Atmen. Außerdem filtert sie die Atemluft und wärmt sie an. Sie leitet die Luft an die Lunge weiter, und die Gerüche sendet sie ans Gehirn.

FÜNF FUNFACTS

1. Deine Nase kann mehr als eine Billion verschiedene Gerüche riechen.
2. Dein Geruchssinn schützt dich vor Gefahren. Die Nase warnt dich zum Beispiel, wenn dein Essen verdorben ist und dich krank machen würde.
3. Es gibt Menschen mit besonders feinen Nasen, die dafür bezahlt werden, Duftnoten in Weinen, Parfüms oder Lebensmitteln zu erschnüffeln.
4. Man kann Gefühle wie Angst im Schweiß von Menschen riechen.
5. Manche Menschen verlieren ihren Geruchssinn wegen eines Unfalls, einer Krankheit oder weil sie alt sind. Man nennt das *Anosmie*.

➡ Mach mal mit!

Dein Geruchssinn hat Einfluss auf den Geschmack deines Essens. Beiß zum Beispiel mal in einen Apfel. Wie schmeckt er? Halt dir dann die Nase zu und nimm noch einen Bissen. Wie schmeckt der Apfel, wenn du ihn nicht riechen kannst?

Der Apfel schmeckt weniger stark, wenn du deine Nase zuhältst, weil dein Geruchssinn auch beim Schmecken wichtig ist. Wenn man nicht riechen kann, schmeckt das Essen nicht so gut.

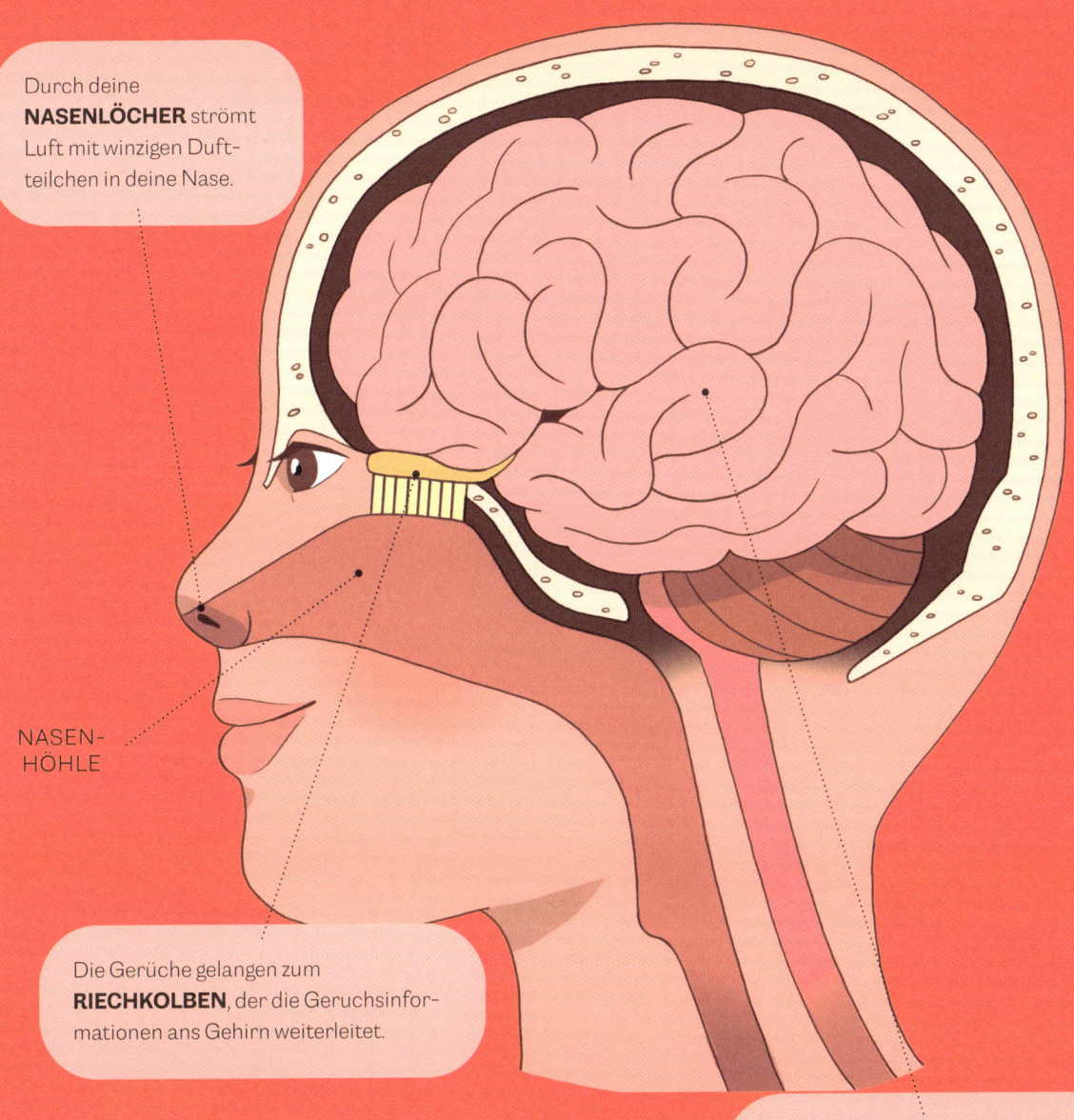

ÜBUNG

Dieses Mädchen riecht etwas Angenehmes. Was könnte das sein?
Mal es bitte in den Kasten.

Der Junge riecht etwas, das stinkt. Mal in den Kasten, was das sein könnte.

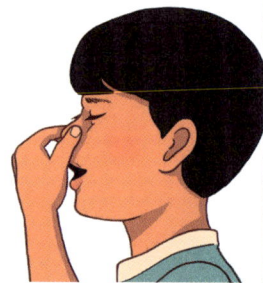

ES LIEGT AUF DER ZUNGE: SO KANNST DU SCHMECKEN

Um den Geschmack einer leckeren Erdbeere oder eines Schokoladenkuchens richtig genießen zu können, brauchst du deine Zunge. Genauer gesagt die Geschmacksknospen auf deiner Zunge. Nachdem deine Spucke das Essen angefeuchtet hat, können die Geschmacksknospen wahrnehmen, ob es süß, sauer, salzig, bitter oder herzhaft (umami) schmeckt. Zusammen mit den Informationen aus der Nase kann das Gehirn dann erkennen, was du gerade isst.

FÜNF FUNFACTS

1. Wenn du geboren wirst, hast du etwa 10 000 Geschmacksknospen.
2. Im Alter von 60 Jahren ist nur noch die Hälfte deiner Geschmacksknospen übrig.
3. Mädchen haben mehr Geschmacksknospen als Jungs.
4. Dein Körper nimmt einen Geschmack schneller wahr als ein Augenzwinkern.
5. Erst wenn deine Spucke das Essen angefeuchtet hat, kannst du etwas schmecken.

➡ Mach mal mit!

Damit deine Zunge etwas schmecken kann, muss das Essen erst von deiner Spucke angefeuchtet werden. Leg mal etwas Süßes oder Salziges auf deine Zunge und spür, wie das schmeckt. Trockne deine Zunge dann mit einem Handtuch ab und mach dasselbe noch mal. Wie schmeckt es jetzt?

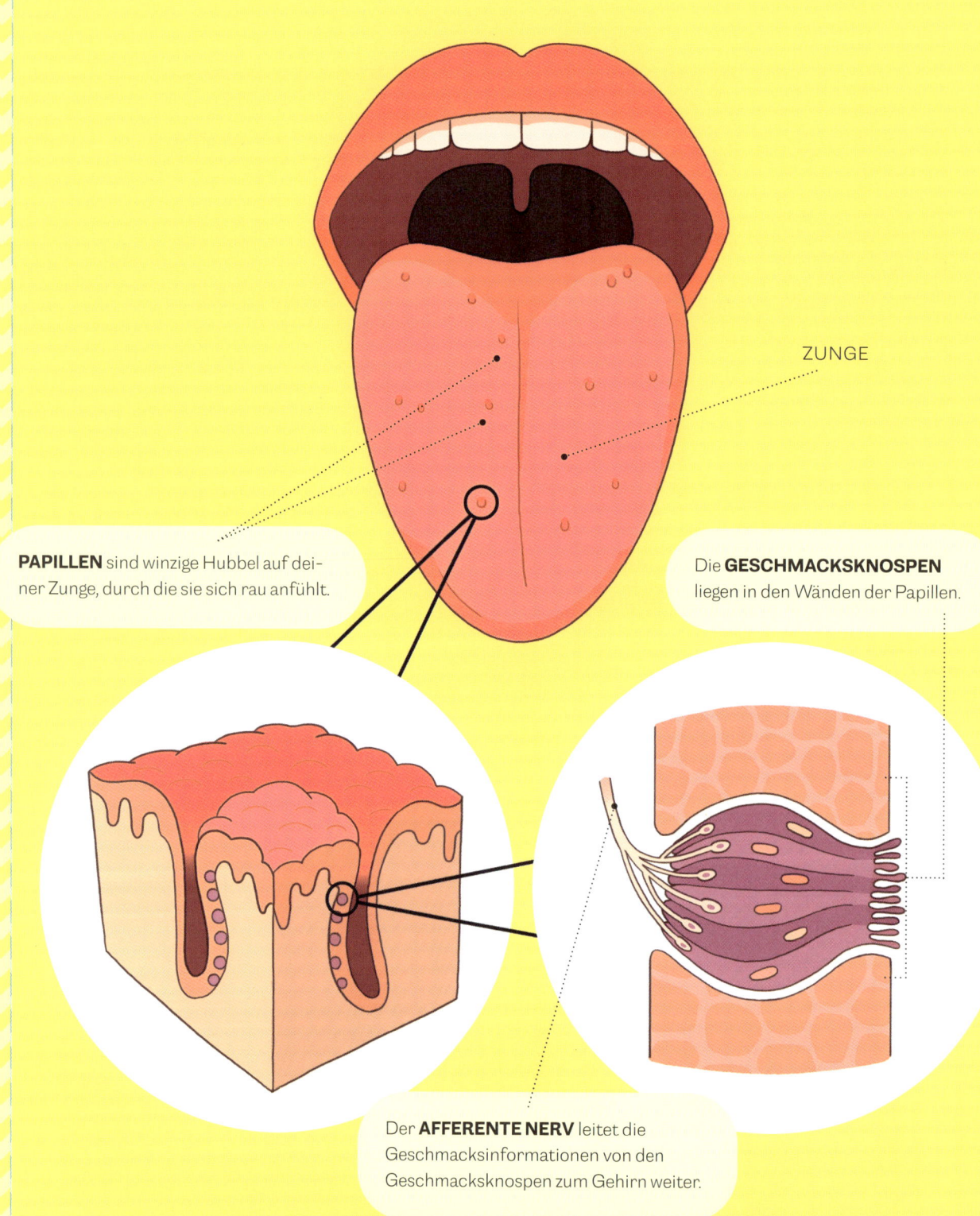

ZUNGE

PAPILLEN sind winzige Hubbel auf deiner Zunge, durch die sie sich rau anfühlt.

Die **GESCHMACKSKNOSPEN** liegen in den Wänden der Papillen.

Der **AFFERENTE NERV** leitet die Geschmacksinformationen von den Geschmacksknospen zum Gehirn weiter.

ÜBUNG

Verbind die Punkte in der richtigen Reihenfolge miteinander. Was isst das Kind?

ES LIEGT AUF DER ZUNGE: SO KANNST DU SCHMECKEN

Deine Zunge kann salzig, süß, sauer, bitter und herzhaft schmecken. Kreis unten deinen Favoriten ein.

WEICH, HART, RAU: SO KANNST DU FÜHLEN

Deine Haut ist dein größtes Organ und spielt beim Fühlen von Dingen eine wichtige Rolle. Wenn du einen Gegenstand berührst, erkennen sogenannte Rezeptoren in der Haut, ob er glatt, rau, heiß oder kalt ist. Deine Rezeptoren stellen auch fest, wie stark du auf einen Gegenstand drückst oder ob der Gegenstand dir wehtut. Die Informationen der Rezeptoren werden über einen besonderen Nerv ins Gehirn geleitet.

FÜNF FUNFACTS

1. Deine empfindlichsten Körperteile sind Finger, Zehen, Mund und Lippen, weil sie die meisten Rezeptoren haben.

2. Am wenigsten spürst du am mittleren Rücken, denn dort gibt es nur wenige Rezeptoren.

3. Deine Finger können besonders gut tasten, weil die Fingerrillen (Fingerabdruck) extrem viele Berührungssignale erkennen und an die Nerven weiterleiten können. Unwichtige Sinneseindrücke lassen sie einfach links liegen.

4. Je älter du wirst, desto schlechter wird dein Tastsinn.

5. Wenn du dich kratzt, weil etwas juckt, kommt es zu einem leichten Schmerz auf der Haut. Weil der Schmerz stärker ist als der Juckreiz, spürt man das Jucken nicht mehr und fühlt sich besser.

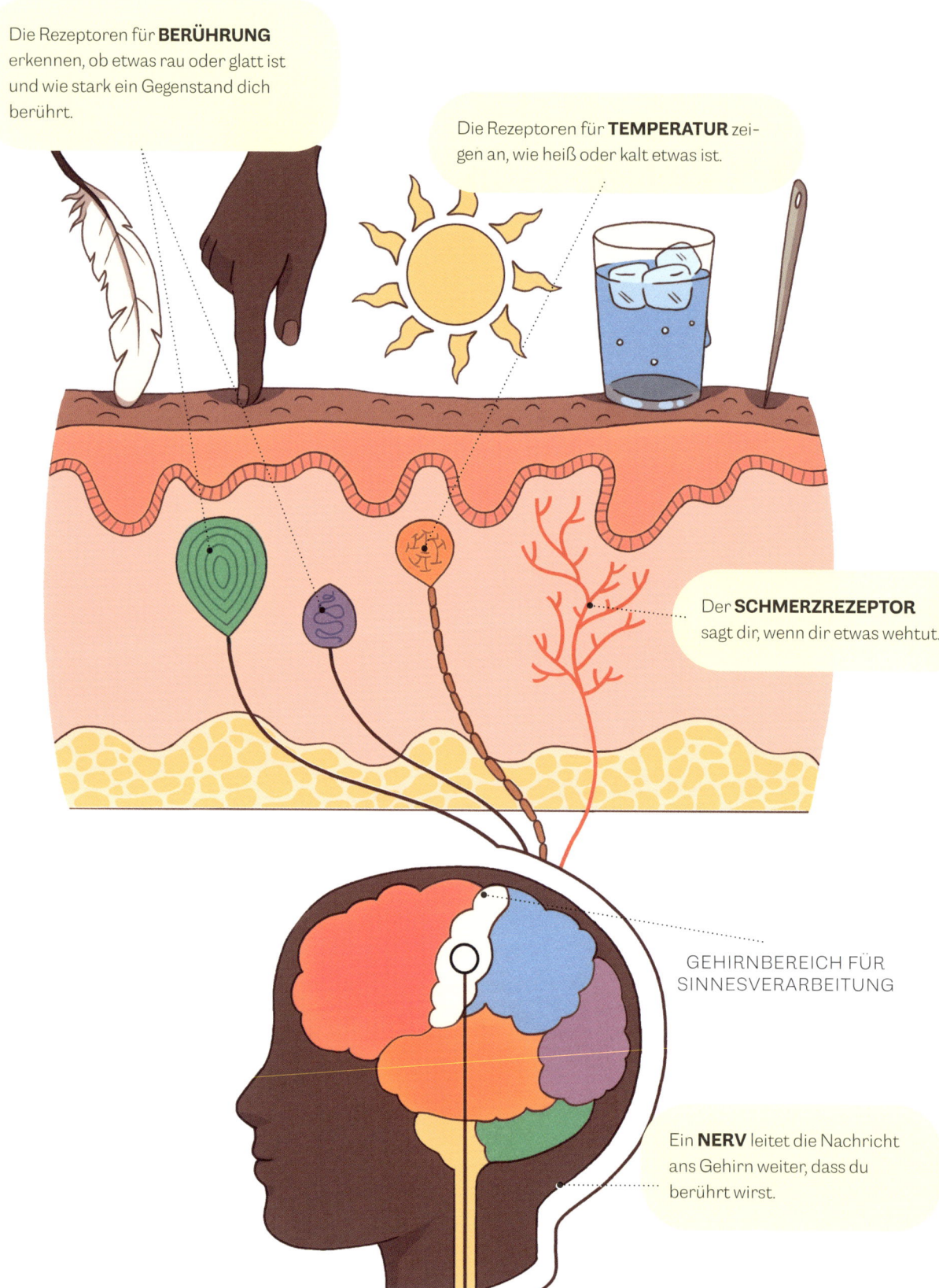

ÜBUNG

Mal bitte etwas, das du am Strand berühren kannst. Wie fühlt es sich an?

Mal bitte etwas, das du zu Hause berühren kannst. Wie fühlt es sich an?

Mal bitte etwas, das du im Park berühren kannst. Wie fühlt es sich an?

Mal bitte etwas, das du im Restaurant berühren kannst. Wie fühlt es sich an?

> ### ➡ Mach mal mit!
>
> Schnapp dir drei Gläser. Füll eines der Gläser mit eiskaltem Wasser, eines mit zimmerwarmem Wasser und eines mit heißem Wasser (aber nicht so heiß, dass du dich daran verbrennst!).
>
> Nimm das heiße Glas in die eine und das eiskalte Glas in die andere Hand. Deine Hände sollten ganz eng an den Gläsern anliegen.
>
> Stell die Gläser nach einer Minute wieder auf den Tisch und heb das Glas mit dem zimmerwarmen Wasser mit beiden Händen hoch. Fühlt sich die Temperatur an beiden Händen gleich an?
>
> Bestimmt hat sich das Glas in der Hand, die zuvor das heiße Glas gehalten hat, kälter angefühlt. Und in der Hand, die zuvor das kalte Glas gehalten hat, hat es sich wärmer angefühlt, oder? Das liegt daran, dass deine Haut nicht die genaue Temperatur eines Gegenstands wahrnimmt. Sie spürt nur den Temperaturunterschied zwischen dem ersten und dem zweiten Gegenstand.

GUTES BAUCHGEFÜHL: DEIN VERDAUUNGSSYSTEM

Unser Verdauungssystem ist wie ein langer Schlauch mit vielen Windungen, der sich der Länge nach durch den Körper zieht. Es fängt im Mund an, wenn du etwas isst, und endet an deinem Po. Auf dem Weg nach unten passieren viele aufregende Sachen. Dabei werden alle wichtigen Nährstoffe aus dem Essen herausgelöst. Dein Verdauungssystem hilft dir also dabei, gesund und stark zu bleiben. Am Schluss landet alles, was dein Körper nicht gebrauchen oder verdauen kann, mit deinem Stuhl (Kacka) in der Toilette.

FÜNF FUNFACTS

1. In deinem Mund entstehen jeden Tag bis zu 1,5 Liter Speichel. Das ist so viel wie anderthalb Packungen Milch!

2. Nach dem Herunterschlucken braucht dein Essen sieben Sekunden, um durch die Speiseröhre bis in den Magen zu kommen.

3. Die Säure in deinem Magen heißt Salzsäure. Im Magen ist sie stark verdünnt, aber unverdünnt kann sie sogar Metall zersetzen.

4. Wenn du deinen Dünndarm auseinanderfalten und flach auf den Boden legen würdest, könnte er einen ganzen Tennisplatz bedecken.

5. Im Dickdarm leben 400 verschiedene Arten von Bakterien. Diese winzigen Lebewesen helfen deinem Darm bei der Verdauung.

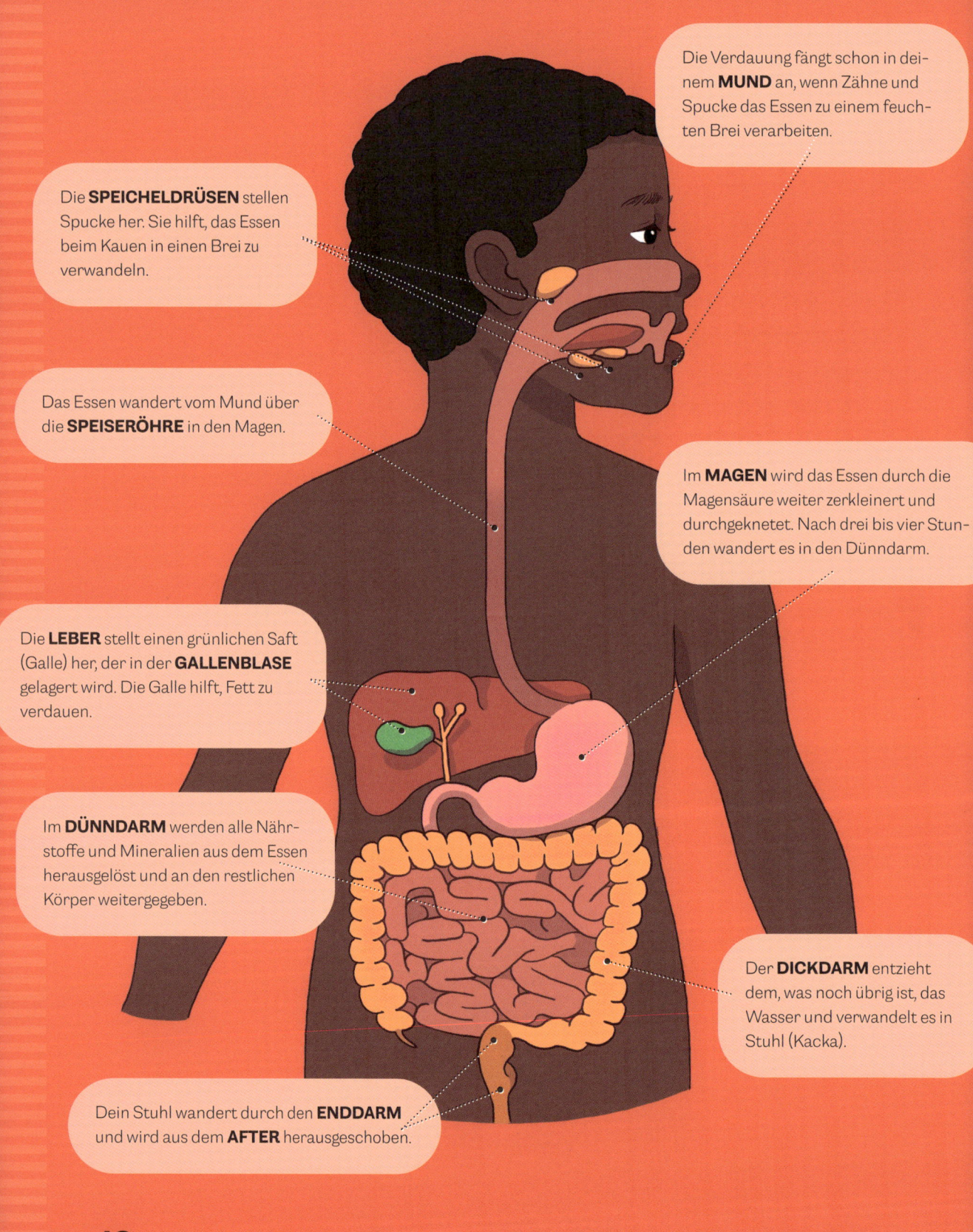

ÜBUNG

Find im Suchbild unten die Wörter aus der Wörterliste rechts und markier sie.

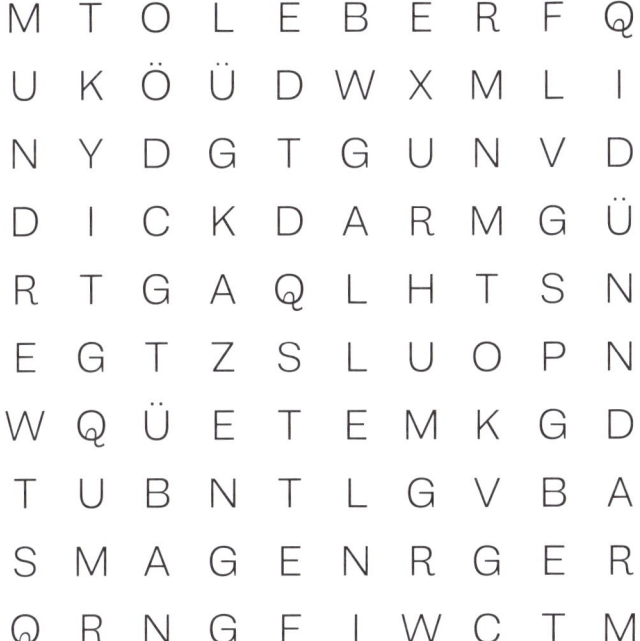

WÖRTERLISTE

Mund

Dickdarm

Dünndarm

Galle

Magen

Leber

➡ Mach mal mit!

Jetzt stellen wir mal nach, wie es aussieht, wenn dein Magen das Essen verdaut! Hol dir dazu einen wiederverschließbaren Plastikbeutel (Magen), zwei Kekse und 60 ml Orangensaft (Magensäure).

Gib die Kekse in den Beutel, verschließ ihn und zerbrösele die Kekse dann mit den Händen.

Öffne den Beutel und füll den Orangensaft ein. Mach den Beutel wieder zu und knete kräftig, um die Kekse noch kleiner zu machen.

So ähnlich macht es auch dein Magen: Er knetet das Essen und bearbeitet es mit Säure.

HAND AUFS HERZ:
DEIN HERZ UND KREISLAUF

Damit alle Körperteile mit den lebensnotwendigen Stoffen versorgt werden können, gibt es das Herz-Kreislauf-System. Es besteht aus deinem Herzen und einem Netz aus Adern, das sich durch den ganzen Körper zieht. Dein Herz pumpt dein Blut in die Adern, es kreist durch den ganzen Körper und fließt dann wieder zurück zum Herzen. Auf dem Rückweg zum Herzen bringt das Blut Zellabfälle zu deinen Nieren. Diese Organe entfernen den Abfall und leiten ihn als Urin (Pipi) wieder aus dem Körper heraus. Dieser ständige Kreislauf hält dich am Leben.

FÜNF FUNFACTS

1. Dein Herz ist nur etwas größer als deine Faust.

2. Wenn du all deine Blutadern hintereinanderlegen würdest, wären sie fast 100 000 Kilometer lang – mehr als zweimal um die Erde herum.

3. Dein Herz schlägt über 35 Millionen Mal im Jahr. Im Laufe deines ganzen Lebens schlägt es etwa drei Milliarden Mal.

4. Es dauert 16 Sekunden, Blut vom Herzen zu den Zehen und zurück zu pumpen.

5. Obwohl Blut rot ist, sieht es in Adern, die dicht unter der Haut liegen, blau aus.

➡ Mach mal mit!

Leg zwei Finger der einen Hand auf die Innenseite des Handgelenks der anderen Hand. Schieb deine Finger über das Handgelenk, bis du knapp unter dem Daumen angelangt bist. Fühlst du ein leichtes Pochen? Das ist dein Puls! Zähl jetzt, wie oft dein Puls in einer Minute schlägt, und schreib das auf. Lauf dann 60 Sekunden lang auf der Stelle oder mach Hampelmänner. Fühl wieder deinen Puls und zähl noch mal die Schläge in einer Minute. Gibt es einen Unterschied?

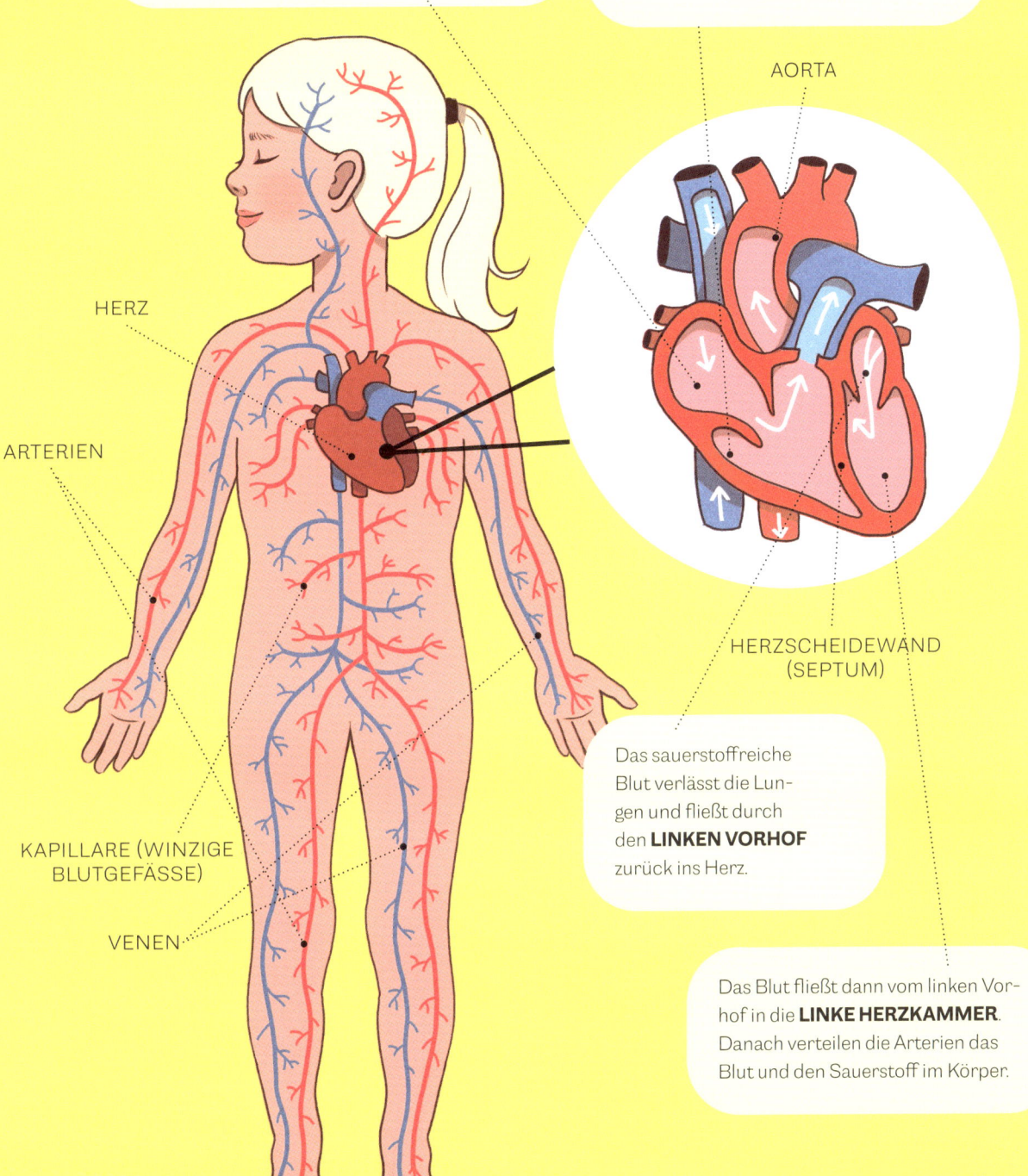

ÜBUNG

Die Adern, die dein Blut vom Herzen *weg*transportieren, heißen Arterien. Die Adern, die das Blut zurück *zum* Herzen bringen, nennt man Venen.

Das sauerstoffreiche Blut in den **ARTERIEN** ist meist knallrot. In dem Bild rechts sind die Teile des Blutkreislaufs, in denen sauerstoffreiches Blut fließt, mit der Nummer 1 markiert. Mal sie bitte rot aus.

Das Blut in den **VENEN** ist sauerstoffarm und deshalb dunkelrot. Im Bild sind die Teile des Blutkreislaufs, in denen sauerstoffarmes Blut fließt, mit der Nummer 2 gekennzeichnet. Mal sie bitte blau aus.

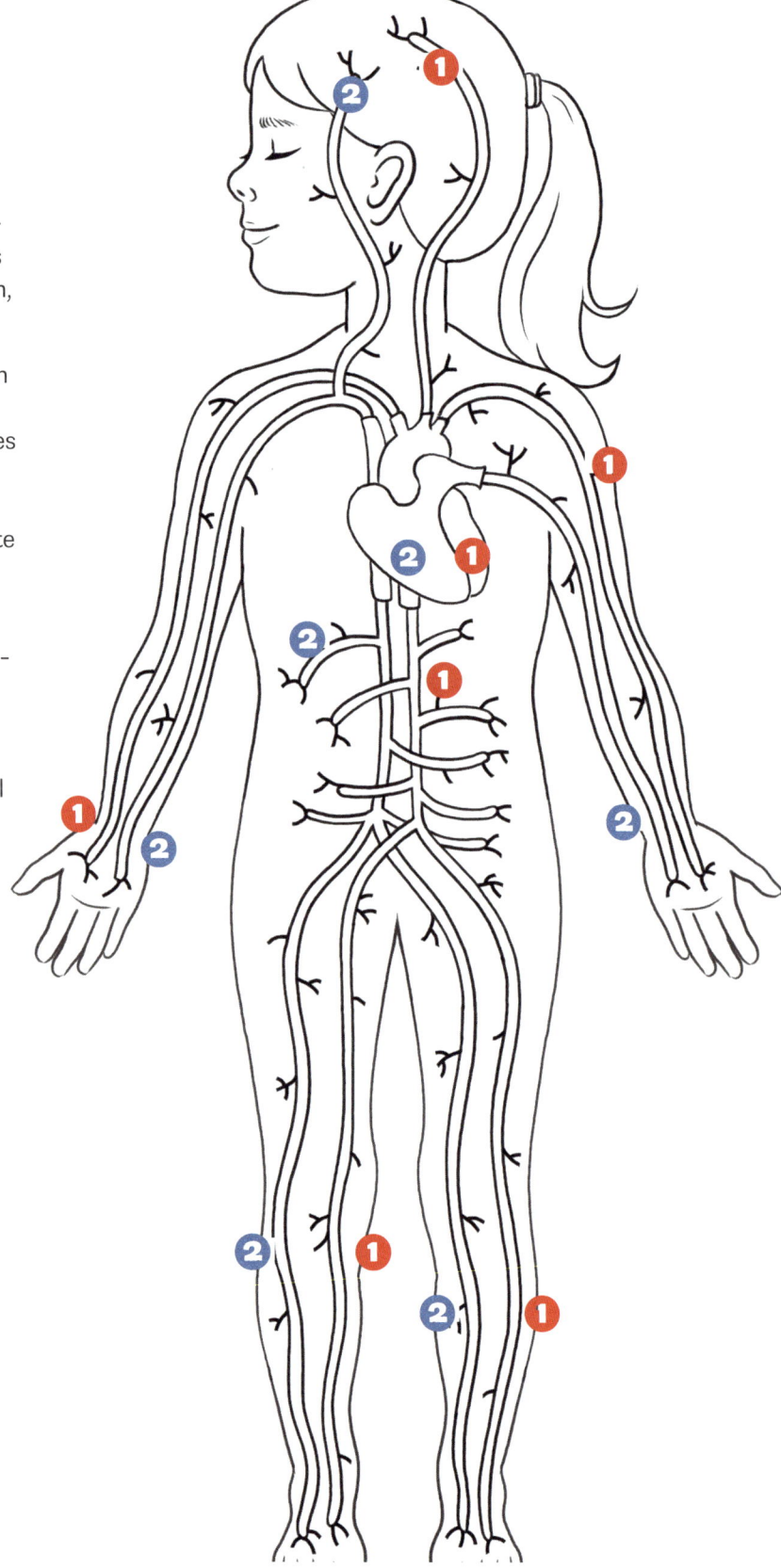

TIEF EINATMEN:
LUNGE UND ATMUNG

Dein Körper braucht Sauerstoff, um zu überleben. Diesen Sauerstoff nimmst du über die Atemluft auf, die dann weiter in deine Lunge transportiert wird. Deine Lunge besteht aus zwei Lungenflügeln. Sie lösen den Sauerstoff aus der Luft und leiten ihn ins Blut, damit der Sauerstoff im ganzen Körper verteilt werden kann. Außerdem gibt der Körper Kohlendioxid (CO_2) ins Blut ab, das dann über deine Lunge ausgeatmet wird. Die Lunge ist also ein lebenswichtiges Organ.

FÜNF FUNFACTS

1. Du atmest 15 bis 30 Mal pro Minute und 21 000 bis 42 000 Mal am Tag.

2. Man kann nicht gleichzeitig atmen und schlucken.

3. Dein linker Lungenflügel ist 10 Prozent kleiner als dein rechter Lungenflügel, damit links genug Platz für dein Herz ist.

4. Nach einer Minute ohne Sauerstoff fangen die Gehirnzellen an abzusterben.

5. Es gibt über 300 Millionen winzige Blutgefäße in deiner Lunge, die sich Kapillare nennen. Wenn du sie hintereinanderlegen würdest, kämst du auf eine Länge von 4500 Kilometern. Das ist ungefähr so lang wie von Deutschland bis zum Nordpol.

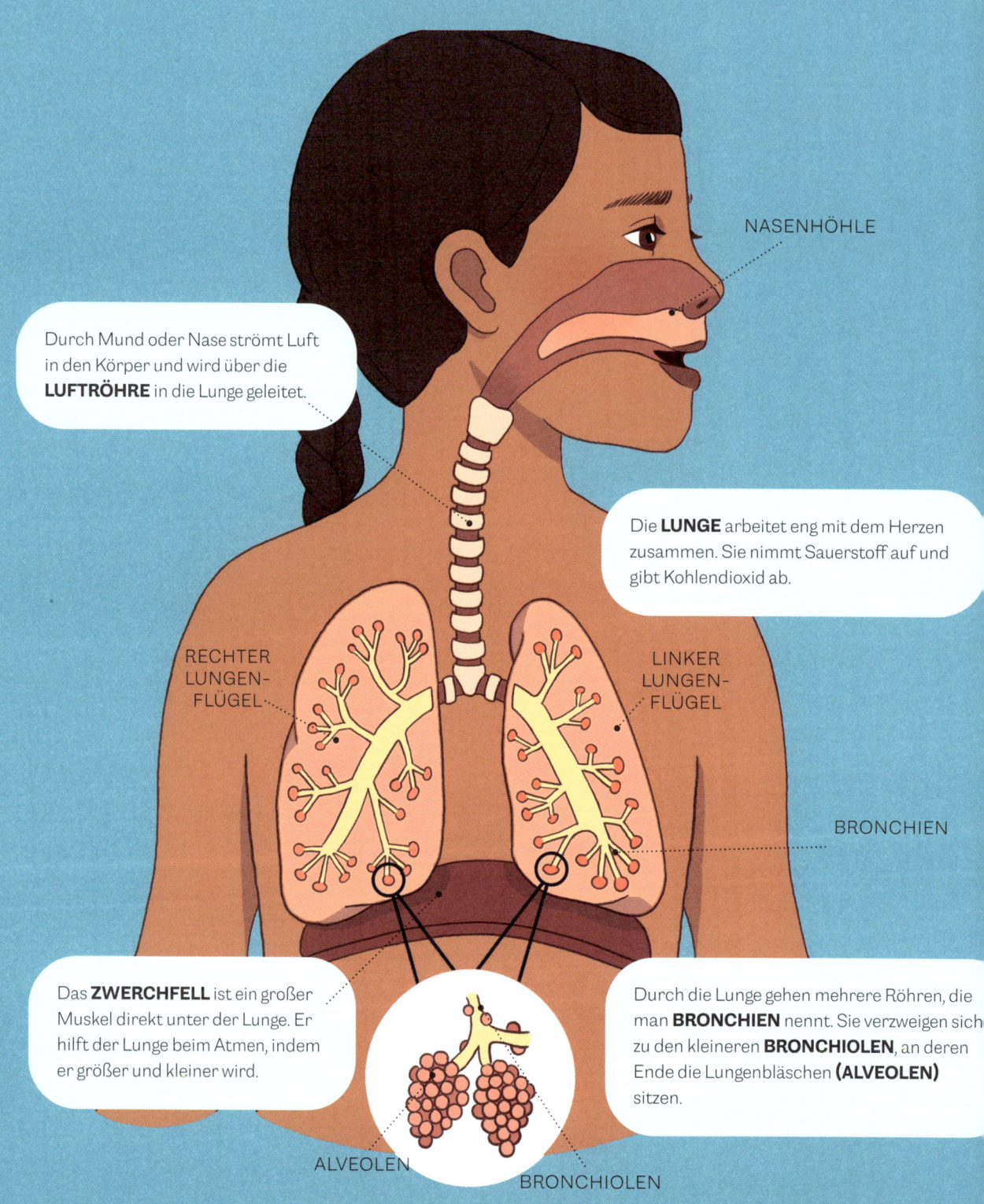

ÜBUNG

Hilf dem Sauerstoff (O_2) auf dem Weg zu den Alveolen in der Lunge.

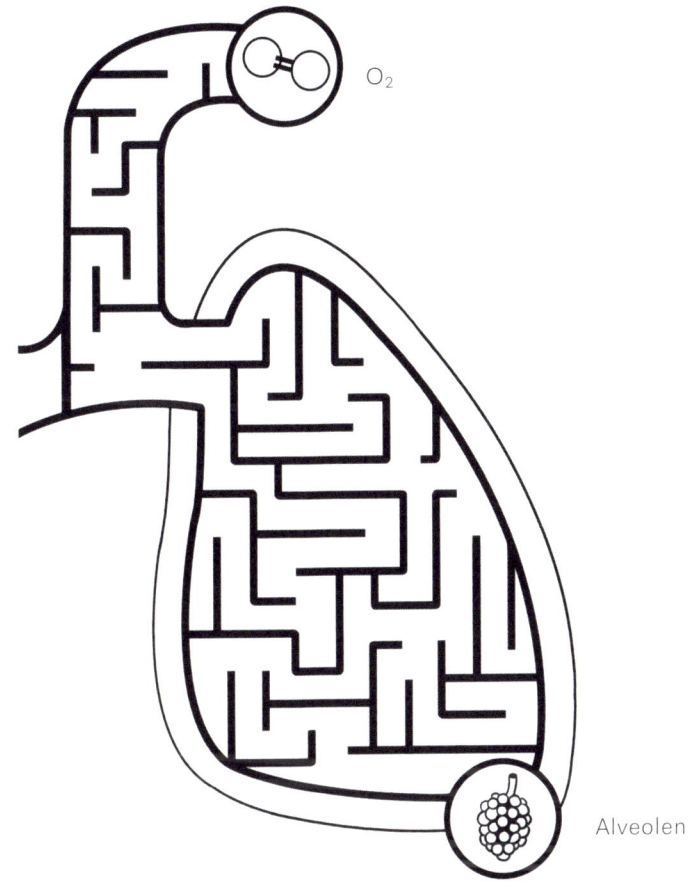

➡ Mach mal mit!

Spür jetzt mal deine Lunge und das Zwerchfell in Aktion! Leg eine Hand auf deine Brust und die andere auf deinen Bauch. Atme tief ein und fühl, wie sich deine Brust und dein Bauch heben, weil sie sich mit Luft füllen. Atme dann aus und spür, wie Brust und Bauch wieder kleiner werden.

Atme jetzt so langsam ein, wie du kannst. Zähl, wie viele Sekunden es dauert, um deine Lunge mit Luft zu füllen. Atme dann so langsam wie möglich wieder aus. Zähl auch hier, wie viele Sekunden das dauert. So zu atmen wirkt sehr entspannend und hilft dir bei Stress oder Sorgen.

TIEF EINATMEN: LUNGE UND ATMUNG

SCHUTZWALL GEGEN FEINDE: DEIN IMMUNSYSTEM

Dein Immunsystem setzt sich aus verschiedenen Zellen, Organen und Körpergewebe zusammen. Es schützt deinen Körper vor Infektionen, die ihm schaden könnten. Das Immunsystem spürt schädliche Bakterien und Viren auf und sendet weiße Blutkörperchen aus, um sie zu zerstören. So wirst du gar nicht erst krank oder auch schneller wieder gesund.

FÜNF FUNFACTS

1. Ein gesunder Körper hat 35 Milliarden weiße Blutkörperchen. Wenn du krank bist, sind es noch mehr.
2. Es gibt auch viele nützliche Bakterien, zum Beispiel die im Darm. Die »guten« Bakterien halten dein Immunsystem fit.
3. Fieber ist zwar nicht angenehm, aber es hilft dem Körper, schädliche Bakterien zu beseitigen.
4. Stress und fehlender Schlaf sind Gift fürs Immunsystem, und man wird schneller krank.
5. Lachen ist die beste Medizin! Positive Gefühle machen das Immunsystem stark.

➡ Mach mal mit!

Nimm Wasser oder Creme, um deine Hände zu befeuchten. Streu dann etwas Glitzer auf die Handflächen und reib sie aneinander. Schüttle anschließend deinem Spielpartner die Hand oder leg deine Handflächen auf ein Stück Papier. Siehst du die Spuren, die du hinterlässt? So ähnlich ist das auch, wenn du Bakterien oder Viren an deiner Hand hast. Sie können sehr leicht weitergetragen werden, wenn man sich die Hände nicht wäscht. Wasch dir jetzt die Hände mit Wasser. Wie gut gingen die »Bakterien« ab? Wasch dir dann die Hände mit Wasser und Seife. Sind die Hände so sauberer geworden? Seife hilft, um die Verbreitung von Bakterien und Viren zu verhindern.

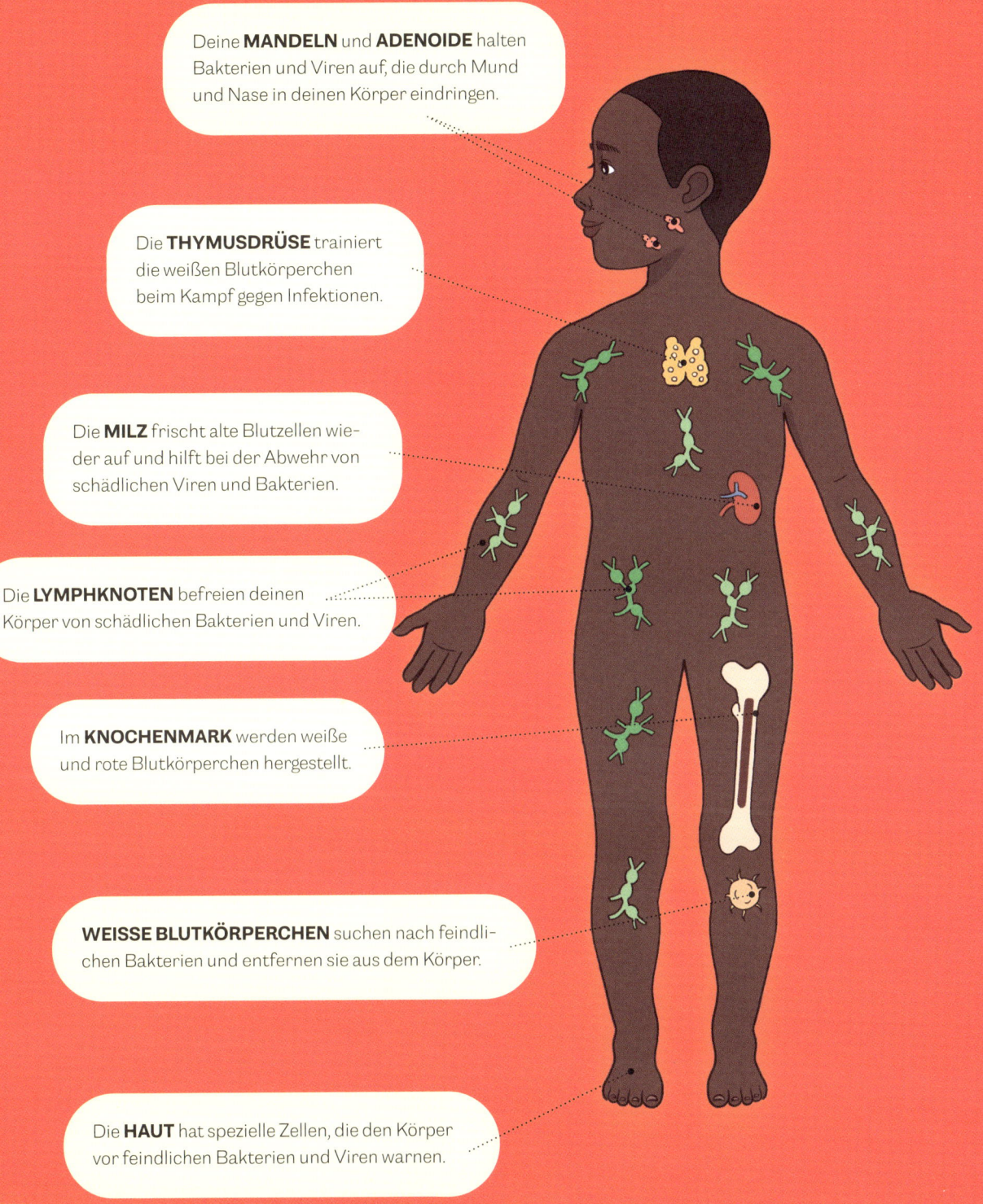

ÜBUNG

Verbind die einzelnen Teile des Immunsystems und die richtige Stelle im Körper mit einem Strich.

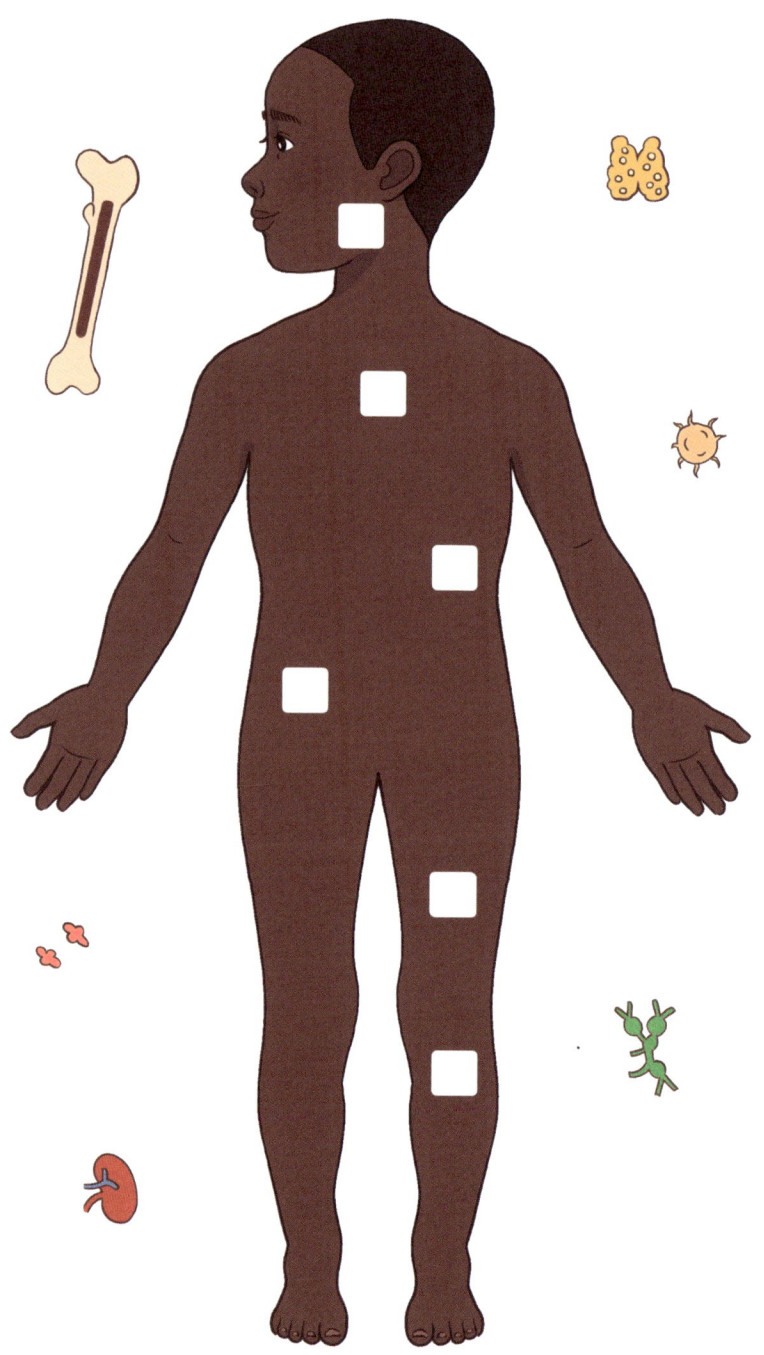

PASS AUF DEINEN KÖRPER AUF!

Du hast nur einen Körper, pass also gut auf ihn auf! Dein Körper bleibt gesund und fit, wenn du dich gesund ernährst und viel Obst und Gemüse isst. Außerdem ist es wichtig, nachts genug zu schlafen. So wachst du morgens ausgeruht auf und dein Körper ist stark genug, um gegen schädliche Bakterien und Viren anzukämpfen. Durch Sport stärkst du deine Knochen und Muskeln. Außerdem ist es ganz, ganz wichtig, viele Dinge zu tun, die dir Spaß machen. Denn Glücksgefühle sind sehr gut für deine Gesundheit.

FÜNF FUNFACTS

1. Hausgemachtes Essen aus guten Zutaten hilft dir, gesund zu bleiben. Fertiggerichte enthalten weniger Nährstoffe und oft viel Fett und Zucker.

2. Die Hälfte aller Kinder hat mindestens von einem wichtigen Nährstoff zu wenig im Körper. Um alle lebenswichtigen Nährstoffe zu erhalten, solltest du verschiedene bunte Obst- und Gemüsesorten essen.

3. Der schnellste Mensch der Welt kann fast 45 Kilometer pro Stunde laufen. Wenn du so schnell ohne Pause rennen könntest, bräuchtest du 20 Stunden, um einmal längs durch Deutschland zu laufen.

4. Während du schläfst, kämpfen in deinem Körper ganz besondere Proteine gegen Bakterien und Viren. Deshalb wirst du schneller krank, wenn du wenig schläfst.

5. Kinder sollten zehn bis elf Stunden schlafen, um gesund zu bleiben.

VORTEILE VON SPORT

Dein Gehirn bekommt mehr Sauerstoff, und das macht dich schlauer.

Du fühlst dich glücklicher.

Deine Muskeln werden größer und stärker.

Dein Herz wird gesünder.

Deine Knochen werden stärker und dicker.

ÜBUNG

Find im Suchbild unten die Wörter aus der Wörterliste rechts und markier sie.

```
R K O W E A T V E S
M G E P R D Z U H T
U T E V Y A H B L R
S X E S P O R T W O
K L A L U O F L I N
E L E B E N M K E G
L E S E F N D L T M
N S S C H L A F E N
D H E D N E Y V G A
Z A N U C S L F E P
```

WÖRTERLISTE

gesund

Sport

Leben

Muskeln

essen

schlafen

➡ Mach mal mit!

Gesund leben heißt: gesund essen, Sport treiben, genug schlafen und Sachen tun, die dich glücklich machen. Schnapp dir mal Papier und Bleistift und schreib auf, was du essen willst, um dich gesünder zu ernähren, wie viel du schlafen willst und welche schönen Dinge du tun möchtest, damit du glücklicher wirst. Häng den Zettel irgendwo auf, wo du ihn gut sehen kannst. Denn so verlierst du deine Pläne nicht aus dem Kopf!

WEITERE WISSENSQUELLEN

Bücher

Der menschliche Körper für clevere Kids. Spannende Entdeckungsreise durch den ganzen Körper. Ab 8 Jahren.

WAS IST WAS Junior, Band 7. Mein Körper von Sandra Noa. Einfache Einführung in den menschlichen Körper für Kinder von 4–7 Jahren.

WAS IST WAS, Band 050: Der menschliche Körper von Sabrina Rachlé. Spannende Fakten über den Körper für Kinder ab 8 Jahren.

Wieso? Weshalb? Warum?, Band 1. Wir entdecken unseren Körper von Doris Rübel. Sachbuchklassiker zum Thema Körper für Kinder ab 4 Jahren.

Wissen – Mensch: Der Körper in spektakulären Bildern. Anatomieatlas für Kinder von 8–10 Jahren.

Websites und Apps

Der menschliche Körper
App für Android und iOS von Tinybop, animiert und interaktiv, für Kinder ab 4 Jahren.

Das ist mein Körper – Anatomie für Kinder
Lernspiel-App für Kinder ab 6 Jahren.

Kindersache
(www.kindersache.de): Internetseite des Deutschen Kinderhilfswerks, auf der es auch viele Wissenstexte gibt.

Helles Köpfchen
(www.helles-koepfchen.de): Wissensseite und Suchmaschine für Kinder und Jugendliche.

Atlas der menschlichen Anatomie
(www.visiblebody.com/de/anatomy-and-physiology-apps/human-anatomy-atlas):

Mit dieser App für Handy oder Tablet können Kinder lernen, indem sie mit 3D-Modellen des menschlichen Körpers spielen. Für Kinder ab 10 Jahren.

Anatomie & Physiologie
(www.visiblebody.com/de/anatomy-and-physiology-apps/anatomy-and-physiology):
App für Handy oder Tablet, die stufenweise in die menschlichen Körpersysteme einführt. Für Kinder ab 10 Jahren.

Spiele und Modelle

Magnetisches Anatomie-Spielset mit 24 magnetischen Teilen und Ablagefach von Melissa & Doug. Inkl. anatomisch korrekter Magnete für Jungen und Mädchen und einem Holzständer. Für Kinder von 3–6 Jahren.

Entdecke den menschlichen Körper, Anatomie, Organe, Skelett, Muskeln. Janod Magnetspiel Körper. Lernspiel mit 76 Magneten ab 7 Jahren.

3D-Organ-Schürze, Modell, inneres Organsystem aus Plüsch, mit transparenter Schürze von Lamptti. Für Kinder von 4–8 Jahren.

Der menschliche Körper, Mini-Set. Experimentierkasten für Kinder ab 8 Jahren, Spielzeug zum Verstehen von Anatomie, Organen & Skelett, Galileo Science.

Anatomie-Modell, 13-teilig mit Organen. Torso, 45 cm.

Anatomy Models Bundle Set, Gehirn, Körper, Herz, Skelett von Learning Resources. Klassenzimmer-Demonstrationswerkzeug, Lehrer-Zubehör, für Kinder ab 8 Jahren.

REGISTER

A

Adenoide 57
Adern 7, 50, 52
After 48
Alveolen 54, 55
Anosmie 36
Arterien 51, 52
Atmung 27, 53–55
Augen 29–32
Augenbrauen 22, 30
Augenzwinkern 39
Außenohr 33–34

B

Bakterien 10–11, 22, 24, 47, 56–57, 59
Berühren 43–46
Blinzeln 29
Blut 17, 50–53
Blutgefäße 22, 53
Blutkörperchen, rote und weiße 11, 56–57
Blutzellen 14, 57
Bronchien 54
Bronchiolen 54

C

Calment, Jeanne 7

D

Darmzellen 11
Dermis 23
Dickdarm 47–48
Dünndarm 47–48

E

Enddarm 48
Epidermis 22–23
Essen 6, 36, 39, 47–49, 59–61

F

Farbenblindheit 29
Fingerabdruck 43
Fingernägel 22, 24

G

Gallenblase 48
Gehen 6
Gehirn 10–12, 26–37, 39, 40, 43–44, 60
Gehirnzellen 11–12, 53
Gehörgang 34
Gelenke 14–15
Geschmacksknospen 39–40
Gesundheit 59–61
Glaskörper 31
glatte Muskeln 17
Gleichgewicht 27, 33
»Gluteus maximus« 17, 19
Großhirn 27

H

Haare 22–23
Hände waschen 56
Haut 22–25, 43, 46, 57
Hautzellen 11
Herz 17, 50–52
Herzkammer 51
Herzmuskeln 17
Herzzellen 11, 13
Hooke, Robert 10
Hören 33–35
Hornhaut 31
Hörschnecke 34

I

Immunsystem 56–58
Innenohr 33–34
Iris 30–31

J

Jucken 43

K

Kapillaren 51, 53
Kleinhirn 27
Knochen 6, 10, 14–16, 18, 59–60
Knochenmark 14, 57
Knochenzellen 11, 13
Knorpel 6
Körper 6–9, 59–61
Körpergewicht 6, 17, 26
Körpergröße 6
Kreislauf 50–52

L

Lachen 56
Leber 6, 7, 48
Leberzellen 11
Lederhaut (Auge) 30–31
Lederhaut (Haut) 23
Linse 31
Luftröhre 54
Lunge 36, 51, 53–55
Lymphknoten 57

M

Magen 6, 47–49
Mandeln 57
»Masseter« 17–18, 20
Milz 6, 57
Mitose 10
Mittelohr 33–34
motorische Nervenzellen 10
Mund 47–49, siehe auch Zähne; Zunge
Muskeln 17–21, 59–60
Muskelzellen 11–12

N

Nagel 22, 24
Nase 36–38
Nervensystem 26–28
Netzhaut 29, 31
Neuronen 11–12
Nieren 6, 50

O

Oberhaut 22–23
Oberschenkelknochen 14–16
Ohren 33–35
Ohrmuschel 33–34
Organe 7, 10, 22, 43, 53

P

Papillen 40
Puls 50

R

Reflexe 28
Regenbogenhaut 30–31
Rezeptoren 43–44
Riechen 36–38
Riechkolben 37

S

Salzsäure 47
Sauerstoff 11, 51–55, 60
Schädel 15
Schlaf 6, 33, 56, 59, 61
Schlüsselbein 15
Schmecken 36, 39–42
Schweißdrüsen 22–23, 30, 36
Sehen 29–32
Sehnen 18
Sinneseindrücke 43–44
Skelett 14–16
Skelettmuskeln 17–18
Speicheldrüsen 48
Speiseröhre 47–48
Sport 59–61
Spucke 39, 47–48
Stammhirn 27
Steigbügel 14, 34
Stress 55–56
Stuhl (Kacka) 7, 47–48
Subcutis 23

T

Talgdrüsen 22–23
Temperatur 44, 46
Thymusdrüse 57
Trommelfell 34

V

Venen 23, 51–52
Verdauung 27, 47–49
Viren 22, 56–57, 59
Vorhof 51

W

Wachstum 6

Z

Zähne 14
Zellen 10–13
Zunge 39–42
Zwerchfell 54–55

ÜBER DIE AUTORIN

KATIE STOKES hat an der Stanford University studiert und dort einen Bachelor in Humanbiologie, einen Master of Education in Politik-, Organisations- und Führungswissenschaften und einen Doktor in Kindesentwicklung gemacht. Sie verfügt zudem über mehr als 20 Jahre Erfahrung in der Arbeit mit Kindern vom Vorschulalter bis zur Highschool.

Stokes rief ihren Blog *Gift of Curiosity* ins Leben, um wirksame, entwicklungsbezogene Lehrmaterialien für Kinder mit Eltern, Lehrenden und ErzieherInnen auf der ganzen Welt zu teilen. Ihr wichtigster Job ist es allerdings, gemeinsam mit ihrem Mann ihre beiden neugierigen Kinder zu erziehen, die sie zu Hause selbst unterrichtet. Mehr über Stokes' Arbeit erfahren Sie auf www.GiftOfCuriosity.com.